DUMONT
DIREKT

Jerusalem

Michel Rauch

Inhalt

Das Beste zu Beginn

Auf ganzer Linie
Sie wollen mal die Füße schonen? Setzen Sie sich in einen klimatisierten Wagen der bislang einzigen Trambahnlinie, die zwischen der jüdischen Siedlung Pisgat Ze'ev im Osten der Stadt, dem Zentrum und dem Herzlberg am westlichen Stadtrand pendelt (www.citypass.co.il).

Markt-Forschung
Zum warenkundlichen Streifzug nimmt Sie der Chef eines gehobenen Restaurants bei einem Shuk Cooking Workshop (www.machne.co.il) auf dem Mahane-Yehuda-Markt an die Hand. Er erklärt Ihnen Gewürze, Käsesorten oder die Bedeutung von Sesam für die Mezze. Danach wird gekocht und gespeist.

Da guckstu!
Am liebsten schaue ich vom Glockenturm des YMCA Three Arches Hotels hinunter. Fragen Sie an der Rezeption, ob Sie die 51 m mit dem Lift hochfahren dürfen. Oben dann 360°-Panorama des alten und neuen Jerusalem (tgl. 8–20 Uhr, www.ymca3arches.com).

Mambo Kings & Dancing Queens
An der First Station, Jerusalems historischem Bahnhof, heute ein populäres Freizeitareal, treffen sich Tanzbegeisterte zu diversen Terminen zum leichtfüßigen Gruppentanz(-Kurs). Mambo, Salsa, Swing, Folk, Breakdance, Ballroom – ein gewisser Frauenüberschuss ist nicht zu leugnen. Die Stimmung ist top (🗺 K 8, 4 David Remez St., www.firststation.co.il).

Lukullisch & lustig

Jericho hatte Posaunen, Jerusalem trommelt. In der Resto-Bar Yudale (► S. 105) sitzen Sie rund um die offene Küche. Wenn die Köche in Laune sind, dann gibt's deren Lieblingssongs auf Töpfen und Pfannen mit Löffeln und Schneebesen getrommelt. Ein Heidenspaß in der heiligen Stadt.

Auf der Rolle

Auf der Haas und der Sherover Promenade rollen Sie mit dem Segway mit Blick auf die Altstadt und die Jerusalemer Täler dahin. Die anderthalbstündigen, landschaftlich sehr schönen Touren starten nach einer Einweisung in die Technik des Selbstbalance-Rollers (www.jerusalemsegwaytours.com).

!

Sultan rockt

So wie der Weg manchmal das Ziel ist, so ist die Location manchmal das Event. Halten Sie Ausschau nach Veranstaltungen im Sultan's Pool (Merrill Hassenfeld Amphitheater, ▸ S. 107), einem von Suleiman im 16. Jh. angelegten Bassin, das heute als Freiluftarena für rund 10 000 Besucher fungiert. Vor der Kulisse aus Stadtmauern und Altstadt spielt z. B. das weltbekannte Jerusalem Symphonic Orchestra oder beim sommerlichen Opernfestival wird Rigoletto gegeben. Internationalen Pop und Rock gibt es auch.

(Fast) kostenlos

Ein angemessenes Trinkgeld ist der Lohn für die Holy City Tour, die Sie mit Guides der Free Tours, Kennzeichen: rotes T-Shirt, Aufschrift: ›New Europe‹, antreten – also nicht ganz kostenlos. Einfach zum Jaffator kommen, tgl. 11 Uhr (▸ S. 111).

Ton, Steine, Scherben

Die Sound & Light-Show der Zitadelle erzählt in Computeranimationen, mit viel Text und Musik, wie Tempel in Scherben fielen, Eroberer kamen und gingen und das moderne Israel entstand (www.towerofdavid.org.il).

Ich habe viele Jahre im Nahen Osten gelebt. Jerusalem ist die Stadt, die mich in Israel am meisten fasziniert und begeistert, ab und an aber auch ordentlich nervt und verschreckt. Sie werden nach ein paar Tagen wissen, warum.

Fragen? Erfahrungen? Ideen?

Ich freue mich auf Post.

@ *Mein Postfach bei DuMont:*
m.rauch@dumontreise.de

Das ist Jerusalem

Jerusalem, das ist für mich die Stadt der knisternden Luft – und das meine ich nicht meteorologisch, auch wenn es in den Bergen Judäas auf 600 bis 800 Metern schon mal gewittert. In der Altstadt, einem historisch gewachsenen Konglomerat aus christlichem, moslemischem, jüdischem und armenischem Viertel, leben auf einem Quadratkilometer über 20 000 religiös tief verwurzelte Menschen, Nachbarn auf engstem Raum mit oft unvereinbaren Glaubensvorstellungen und konträren Lebensentwürfen. Das Misstrauen regiert nicht nur, wie es der politische Dauerkonflikt, der Streit um die Herrschaft über Jerusalem, erwarten lässt, im Umgang zwischen Juden und Muslimen, Israelis und Arabern. Zwist herrscht auch ab und an unter den sechs Konfessionen der Christenheit, deren fromme Priester und Patres sich in der Grabeskirche am Ende der Via Dolorosa um Zentimeter streiten, wenn es um Prozessionen, Altäre, Beichtstühle und Kapellenabgrenzungen geht. Auch die Fäuste, eben noch zu betenden Händen gefaltet, flogen schon, bis früher Janitscharen, heute Polizisten, die heißspornigen Hüter des hohen Heiligtums trennten.

Nein, für ausgelassene Stimmung und entspanntes Nebeneinander ist das geschichtsbeladene Jerusalem sicher kein Synonym – was nicht heißt, dass Sie sich als Besucher, der sich auf Sightseeing konzentriert, fürchten müssten (auch Shoppen, Feiern und Ausgehen sind hier möglich). Sie erleben bei Ihrem Besuch aber, wie sich die Jerusalemer aus Ost und West durch gegenseitiges Ignorieren mit dieser Lage, die sich in der großen Weltpolitik widerspiegelt, weitgehend arrangieren.

Jerusalem ist die international nicht anerkannte Hauptstadt Israels, die sich zusammen mit den palästinensischen Gebieten auf einer Fläche von 20 770 km^2 erstreckt und damit gerade so groß ist wie das deutsche Bundesland Hessen. ›Yerushalayim‹, Stadt des Friedens, so heißt Jerusalem im Hebräischen, im Arabischen aber ›Al Quds‹, die Heilige. Zur Begrüßung sagen die Israelis ›Shalom‹ (Frieden), die Palästinenser und Araber, auch diejenigen mit israelischem Pass, ›Marhaba‹ (Willkommen) – eine Floskel.

Dem Kern des jüdischen Universums werden Sie nirgendwo näher kommen als in dieser Stadt, historisch, archäologisch und geografisch zu verorten an Klagemauer und Tempelberg, im Alltag erlebbar an den zahlreichen jüdischen Feiertagen, wenn das öffentliche Leben zum Großteil ruht. Hotels und Mietwagen sind dann ausgebucht; nur arabische Taxis verkehren. Mal wird heiter, geradezu karnevalsmäßig ausgelassen und kostümiert gefeiert, so an Purim zur Erinnerung an die Befreiung von der persischen Knechtschaft. Bei anderer Gelegenheit ruht das gesamte öffentliche Leben, wie zu Jom Kippur, dem höchsten jüdischen Feiertag. Er beendet in Erinnerung an die Verehrung des Goldenen Kalbs durch die Israeliten die 40-tägige Zeit der Reue und Buße; nicht einmal Radio und Fernsehen senden dann.

Mit Gitarre, Querflöte und Lautsprecher: Als Straßenmusikanten bessern sich am Mahane-Yehuda-Markt oft Studenten und Traveller die Kasse auf.

Ganz so trist geht es zum Glück am wöchentlichen Shabbat (Freitagabend bis Samstagabend) nicht zu. Geschäfte, Museen und andere öffentliche Einrichtungen schließen freitags zwar spätestens um 14/15 Uhr. Etliche Restaurants, Bars und Kneipen in Hand von säkularen Widerständlern haben dennoch geöffnet. Ich jedenfalls – vielleicht ist das jetzt so ein Männerding – kann dem Shabbat durchaus etwas abgewinnen. Es hat schon seinen Freie-Fahrt-für-freie-Touris-Zauber, in dieser dauerverstopften verkehrskollabierten Staustadt, am Shabbat mit dem Auto durch die Viertel zu streifen, das ultraorthodoxe Steinewerferviertel Mea She'arim mal ausgenommen. Ich sage nur in massiven Tönen: Wir sind die Coolsten, wenn wir cruisen … Die Öko-Variante mit Fahrrad ist natürlich auch cool.

Spiritualität und Religion, hochkonzentriert, darum dreht sich fast alles in Jerusalem. Für viele fromme Menschen aus aller Welt ist die Stadt das Traumpilgerziel ihres Lebens. Achten Sie auf Männer im Jesuslook mit Kaftan, Sandalen, langem, wallendem Haar und Bart. Etliche sind barfuß auf der Via Dolorosa unterwegs mit Hirtenstab als Moses, David oder Apostel und predigen vor Kirchen. Man sieht auch ganz in Weiß gekleidete Frauen als Gottesmutter oder Maria Magdalena. Was fern an ein Passionsspiel erinnert und von Umstehenden meist milde belächelt wird, ist häufig eine ernsthafte psychische Erkrankung, eine Wahnvorstellung. Jährlich sehen sich Hunderte von Pilgern, überwältigt von der Spiritualität Jerusalems und getrieben von der eigenen Suche nach Erlösung und Erleuchtung, plötzlich als Reinkarnationen alt- und neutestamentarischer Gestalten und beginnen, sich entsprechend zu kleiden. Der Kurzbegriff dieses Krankheitsbildes lautet Jerusalem-Syndrom.

Die Luft knistert in dieser Stadt. Fast immer, und für jeden anders.

Jerusalem in Zahlen

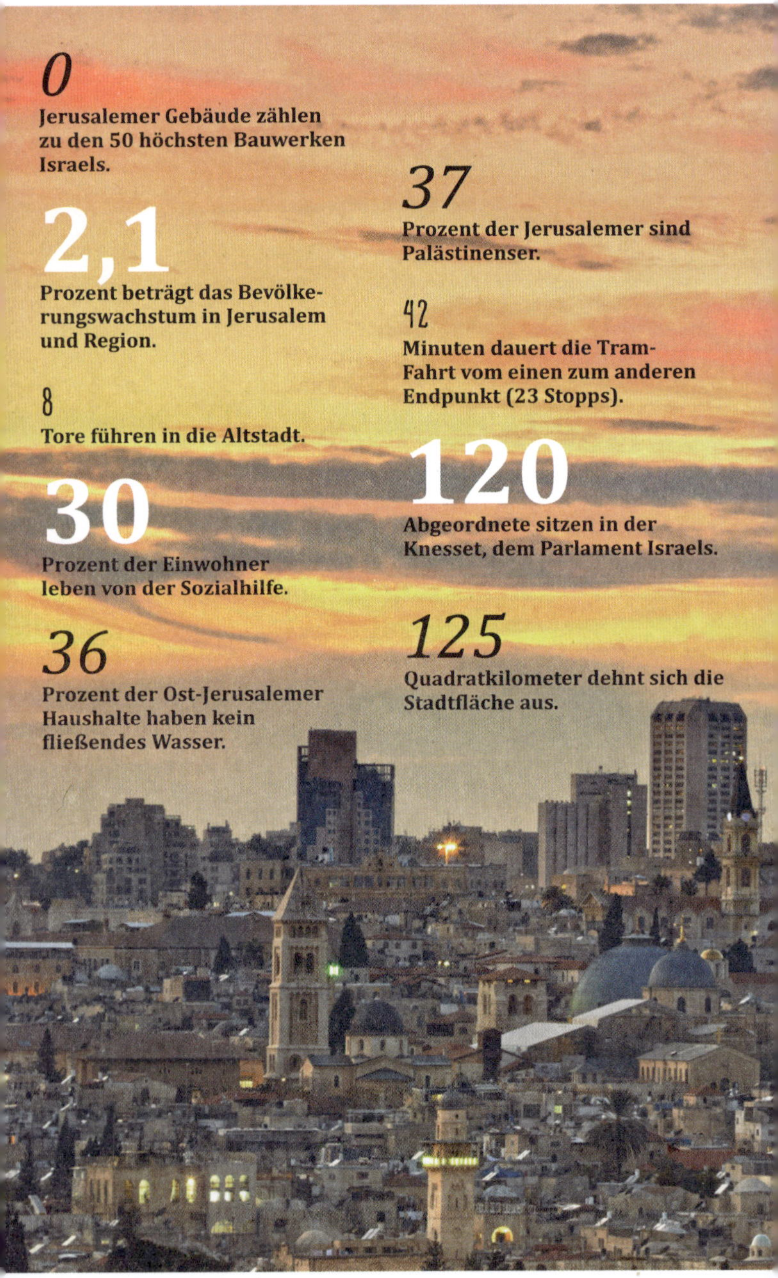

0

Jerusalemer Gebäude zählen zu den 50 höchsten Bauwerken Israels.

2,1

Prozent beträgt das Bevölkerungswachstum in Jerusalem und Region.

8

Tore führen in die Altstadt.

30

Prozent der Einwohner leben von der Sozialhilfe.

36

Prozent der Ost-Jerusalemer Haushalte haben kein fließendes Wasser.

37

Prozent der Jerusalemer sind Palästinenser.

42

Minuten dauert die Tram-Fahrt vom einen zum anderen Endpunkt (23 Stopps).

120

Abgeordnete sitzen in der Knesset, dem Parlament Israels.

125

Quadratkilometer dehnt sich die Stadtfläche aus.

360
Meter Spannweite hat die Harfenbrücke von Santiago Calatrava.

600
Tonnen wiegt der größte Stein der Klagemauer, der sogenannte Klagestein, zu berühren im Western Wall Tunnel.

834
Meter misst Jerusalems höchster Punkt, der Herzlberg. Damit ist er 8 m höher als der Berg Skopus.

1484
Menschen pro Quadratkilometer leben in Jerusalem (in Berlin sind es fast 4000).

4018
Meter ist die Stadtmauer lang.

5000
Jahre v. Chr. gab es die ersten Siedler in Jerusalem.

2 100 000
Menschen besuchen jedes Jahr die Holocaust-Gedenkstätte Yad Vashem.

20,4
Meter misst die Goldkuppel des Felsendoms im Durchmesser.

Was ist wo?

In Jerusalem kann man sich die Hacken ablaufen. Die historische Altstadt, zugänglich nur zu Fuß, ist zwar kompakt, aber auch äußerst absatzfeindlich gepflastert. Es geht auf und ab, und auch im übrigen Stadtgebiet gibt es bis weit hinaus zum Herzlberg diverse Sehenswürdigkeiten anzusteuern.

Christliches Viertel

Heilig, heiliger, christliches Viertel. Die **Grabeskirche** (L 5), in der die Via Dolorosa endet, ist in diesem Viertel (19 ha) für christliche Pilger und andere Touristen das Top-Ziel unter gut drei Dutzend Sehenswürdigkeiten der Christenheit. In der Regel betreten Sie das in der nordwestlichen Ecke der Altstadt liegende pulsierende Viertel vom **Jaffator** (L 6) kommend, vorbei an der Zitadelle, die David Street hinabgehend – ein Parcours vorbei an zig Souvenirläden. Am Marktareal Muristan liegt die deutsche evangelisch-lutherische **Erlöserkirche** (L 5/6).

Muslimisches Viertel

Am quirligsten zeigt sich das muslimische Viertel nahe dem **Damaskustor** (L 5) an der Nordmauer der Altstadt. Geschiebe, Gedränge, Marktschreier, Frauen, die auf dem Boden hockend Kräuter verkaufen, Tand und Krimskrams, wohin man sieht, dazu ein Duftteppich aus arabischen Gewürzen, Safran, Kümmel, Anis, Piment – das 31 ha große Altstadtviertel ist Basar, Orient pur. Zu ihm gehört auch das Tempelberg-Plateau mit **Felsendom** und **Al-Aqsa-Moschee** (M 5 und 6), das man als Nicht-Muslim nur über den Umweg einer Rampe nahe der Klagemauer erreicht. Der Beginn (nahe dem Löwentor) und ein Großteil der Via Dolorosa liegen in diesem Viertel.

Jüdisches Viertel

1967 eroberte Israel von Jordanien Ost-Jerusalem und sicherte sich damit im Süden der Altstadt auch die Hoheit über die **Klagemauer** (M 6), die, im nur knapp 12 ha großen jüdischen Viertel gelegen, als Relikt des Areals des Zweiten Tempels so etwas wie den Nabel der jüdischen Welt darstellt. Vom christlichen oder muslimischen Viertel kommend, fällt die Ruhe auf, sobald man den **Cardo Maximus** erreicht hat, eine ausgegrabene frühere Römerstraße, heute gesäumt von Geschäften und Galerien. Auf dem weiteren Weg schauen Sie durch offene Fenster in Talmudschulen, entdecken mehrere alte und traditionsreiche Synagogen und sehenswerte **Museen** (L 6; Wohl Archaeological Museum, Burnt House).

Armenisches Viertel

Unter den vier Altstadtquartieren fristet das armenische Viertel mangels großartiger Sehenswürdigkeiten ein etwas stiefmütterliches Dasein, zwischen **Jaffa-** und **Zionstor** (L 6) in die südwestliche Ecke gequetscht. Man läuft hier durch, wenn man den Berg Zion oder die Klagemauer ansteuert. Waren die Bewohner einst Wächter der christlichen Heiligtümer und Priester, kamen mit dem Völkermord an den Armeniern im Ersten Weltkrieg Tausende von Flüchtlingen hinzu. Viele brachten ihr Kunsthandwerk mit; armenische Keramiken aus Jerusalem sind sehr geschätzt.

Sheikh Jarrah

Im Stadtviertel Sheikh Jarrah finden Sie u. a. das **American Colony Hotel** und die **Königsgräber** (beide L 3) – es war bis 1967 jordanisch und lag in der Pufferzone zwischen beiden Staaten. Viele Stiftungen, NGOs und Konsulate haben sich hier angesiedelt.

Downtown/Jaffa Road

Herz der Neustadt, Downtown Jerusalem, und zugleich eine der ältesten Straßen Jerusalems: die von Osten nach Westen verlaufende **Jaffa Road** (🕮 K/L 5/6), im Zentrum eine Geschäftsmeile, hat an Charme und Flair gewonnen, seit der Autoverkehr für die hier durchlaufende Tramlinie weichen musste. Ein Publikumsmagnet ist der weitläufige **Mahane-Yehuda-Markt** (🕮 H 4).

Mea She'arim

Umsicht und Rücksicht sind im Viertel **Mea She'arim** (🕮 J/K 3–5) angebracht. Hier leben vorwiegend ultraorthodoxe Juden in strengster Auslegung der Thora. Touristen, sofern sie sich nicht dezent kleiden und ebenso verhalten, werden oft angefeindet. An Shabbat und jüdischen Feiertagen ist die Gegend schlichtweg eine No-Go-Area.

German Colony

Die **Emek Refa'im Street** (🕮 K 8) mit Boutiquen, Cafés und Restaurants ist die populäre Hauptstraße von German Colony (hebr.: Hamoshava Hagermanit), dem In-Viertel, das auf eine Gründung des deutschen Templerordens im 19. Jh. zurückgeht. In den Seitenstraßen finden sich prächtige Villen, die Architektur des Viertels ist geprägt von osmanischer, Templer- und Bauhaus-Architektur.

Givat Ram

Die Trambahn hat die Stadtteile westlich, zumindest gefühlt, näher an das Zentrum gerückt. Givat Ram ist weitläufig, modern und wichtig: **Knesset, Israelmuseum, Nationalbibliothek** und **Oberster Gerichtshof,** um mal die wichtigeren Adressen zu nennen, sind hier angesiedelt (🕮 E–G 6/7).

Mount Herzl

Der **Mount Herzl** (Herzlberg; 🕮 B 6) ist ein Ort der Erinnerung. Theodor Herzl (1860–1904), Begründer des modernen Zionismus, ist hier beigesetzt. In der Nähe finden sich der **Ehrenfriedhof** (🕮 B 6) und die **Gedenkstätte Yad Vashem** (🕮 A/B 6), der Hauptgrund, warum sich die meisten Besucher an den westlichen Stadtrand Jerusalems aufmachen, Endstation der Tram.

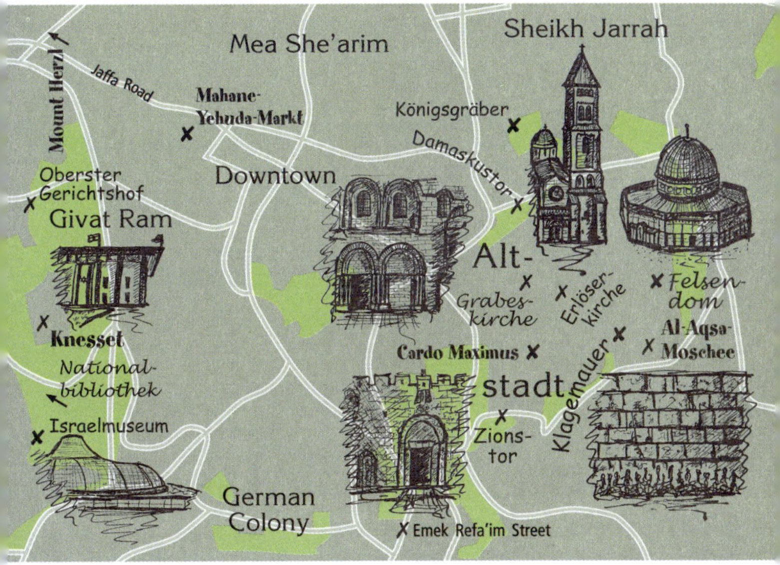

Augenblicke

In göttlicher Demut

Auf dem Salbungsstein, einer Kalksteinplatte in verblasstem Rotton, wurde der Überlieferung nach der Leichnam Jesu Christi für die Bestattung vorbereitet. Im Eingangsbereich der Grabeskirche platziert, ist er für viele Christen heute das wichtigste Ziel in Jerusalem, um sich vor Gott in tiefer Demut zu verneigen. Pilger erhoffen sich Gottes Segen durch Gegenstände, die mit dem Stein in Berührung gekommen sind: Bibeln, Rosenkränze, Kruzifixe, Tand aus dem Basar und sogar Teddybären und andere Kuscheltiere.

Am Shabbat nie

Benad Eve-Chen, ein ultraorthodoxer Jude, skatet leidenschaftlich gern, hier am Mahane-Yehuda-Markt. Darf ein Tiefreligiöser das? Die Frage stellte sich, als, allen voran, die Einwanderer aus den USA mit Board zur Synagoge eilten. Wie in allen Zweifelsfällen des Glaubens, hieß die Lösung: »Frag den Rabbi!« Und die Rabbis antworteten unisono: Skaten und Religion sind kompatibel, außer am Shabbat. Da störe das Skateboard den ruhevollen Charakter des heiligen Tages. Notgedrungen geht Eve-Chen dann halt zu Fuß.

Am Jüngsten Tag

Der jüdische Friedhof am Ölberg: Von hier schaut man hinüber auf den Tempelberg mit der Goldkuppel des Felsendoms, dahinter in der Senke die Altstadt. Als »einzige zweidimensionale Stadt der Welt« bezeichnete der Schriftsteller Schalom Ben-Chorin Jerusalem. Es gebe wie nirgendwo sonst in der Vorstellung der Menschen ein »himmlisches und ein irdisches Jerusalem«. Fehlt als dritte Dimension nur die Hölle. Sie wird sich im Tal zwischen Öl- und Tempelberg auftun. Dann müssen nach jüdischem und islamischem Glauben alle über eine Brücke oder ein Seil vom einen zum anderen Berg schreiten. Die Gerechten werden ankommen, die Bösen abstürzen.

Ihr Jerusalem-Kompass

#2
Spaziergang durch Jahrtausende – **im armenischen Viertel**

#3
Hier sind alle auf dem Kreuzweg – **Via Dolorosa**

#1
Von oben herab – **auf der Stadtmauer um die Altstadt**

Die ruhigste Ecke der Altstadt

UNGLAUBLICH, DIESE PILGER

Yalla! Los geht's!

WOMIT FANGE ICH AN?

IN STILLE INNEHALTEN

WAS FÜR EINE GRAND!OSE SAMMLUNG

Das allerseltsamste Viertel dieser Stadt

BUMMELN, SHOPPEN, GENIESSEN!

#15
Das Mahnmal des Holocaust – **Yad Vashem bewegt**

#14
Publikumsmagnet Qumranrollen – **im Israelmuseum**

#13
Im Schtetl der Ultras – **unterwegs in Mea She'arim**

#12
Wo das moderne Leben tobt – **von Mahane Yehuda zur German Colony**

#4
Fromme Patres, wilde Mönche – **rund um die Grabeskirche**

#5
Synagogen und Talmudschulen – **im jüdischen Viertel**

#6
Tief im Herzen des jüdischen Universums **– an der Klagemauer**

#7
Der Duft des Orients – **das muslimische Viertel**

#8
Wo Mohammed in den Himmel ritt – **auf dem Tempelberg**

#9
Paläste, Tunnel und Provokationen – **die Davidsstadt**

#11
Archäologie trifft Legende – **nördlich der Altstadt**

#10
Christi Himmelfahrt – **Ölberg und Berg Skopus**

1

Von oben herab – **auf der Stadtmauer um die Altstadt**

Das Labyrinth der Jerusalemer Altstadt entwirren: Ein Spaziergang auf der mal mehr, mal weniger als 12 m hohen Stadtmauer bringt Klarheit, und der Blick auf den Ostteil der Stadt, über ihren Westteil bis zu den Hügeln der judäischen Berge ist wunderbar.

Sie sehen Kirchen und Moscheen, blicken nicht nur auf Schulhöfe und Sportplätze, sondern auch in Wohnzimmer. Auf Terrassen trocknet Wäsche neben Satellitenschüsseln und Wasserspeichern. Der türkische Sultan Suleiman der Prächtige, dem die Altstadt ihr heutiges Gesicht verdankt, errichtete die Stadtmauer zwischen 1532 und 1542 auf Fundamenten aus römischer und byzantinischer Zeit. Auf der Mauer selbst sieht man Zinnen, Schießscharten und versteckte Lagerräume. Von den geplanten 35 Türmen wurde nur die Hälfte vollendet. Da aus Sicherheitsgründen der Abschnitt am Tempelberg gesperrt ist, gibt es vom

Es werde Licht! – Und es ward Licht! Beim alljährlichen Jerusalem Light Festival erstrahlt die illuminierte Altstadt grell und bunt.

Jaffator zum Löwentor eine nördliche Tour sowie von der Zitadelle zum Misttor den südlichen *ramparts walk,* wie der Mauergang ausgeschildert ist. Wollen Sie nur eine Etappe gehen, empfehle ich die Nordtour.

Alltag in Jerusalem: Am Damaskustor filzen israelische Sicherheitskräfte einen jungen Palästinenser. Die Angst vor Attacken ist allgegenwärtig.

Die Nordtour: Vom Jaffator zum Löwentor

Am **Jaffator** 1 (Jaffa Gate, Sha'ar Yafo, Bab el Khalil) begann einst die Straße nach Jaffa und Hebron, Hauptverbindungslinie für Pilger und Handelsreisende zur Mittelmeerküste. Vom Inneren des Tors führen an der Kasse vorbei die Stufen empor. Auf der Mauer entlang dem christlichen Viertel gehend, erreichen Sie im äußersten Westen der Altstadt das **Neue Tor** 2 (New Gate, Sha'ar HaHadash, Bab el Jedid). Es wurde erst 1887 eröffnet, um den Christen in den Siedlungen den Altstadtzugang zu erleichtern.

Das **Damaskustor** 3 (Damascus Gate, Bab el Amud), man ahnt es, war einst Ausgangspunkt der Straße nach Damaskus. So wie wir es heute sehen, wurde es 1538 von Sultan Suleiman erbaut. Unterhalb des Tors beginnt die Khan el Zeit Street. Von der Mauer führt ein Stück weiter eine Treppe hinunter zu Zedekias Höhle (Cave of Zedekiah).

Schwan, nicht Storch!

In Höhe des muslimischen Viertels gelangt man zum **Herodestor** 4 (Herod's Gate, Sha'ar HaPerachim, Bab el Zahra). Seinen irreführenden Namen verdankt es Pilgern, die in der Nähe das Haus jenes Herodes Antipas vermuteten, zu dem Pontius Pilatus Jesus geschickt hatte. Außerhalb der Stadtmauer lässt man das **Rockefeller-Museum** links liegen und erreicht in der nordöstlichen Ecke den **Schwanenturm** 5 (engl. falsch tituliert als Stork's Tower); er bekam seinen Namen vom Wappentier des Heerführers Gottfried von Bouillon, dessen Kreuzritter bei der Belagerung Jerusalems 1099 hier durch die Stadtmauer brachen.

Suleimans Löwentraum

Kurz nach dem St.-Anna-Kloster – linker Hand das wundervolle Panorama mit dem **Berg Skopus** und dem **Ölberg** – erreicht man das **Löwentor** 6 (Lions' Gate, Sha'ar Ha-Arayot, Bab el Ghor). Die Legende

Ü ÜBRIGENS

Gelb-grüner Zugwagen, zwei Passagieranhänger: Der Old City Train ist für Gehandicapte, Familien mit Kleinkindern und Rentner hilfreich, um die Altstadt zu durchqueren. Der Zug pendelt zwischen Jaffa-Tor und nahe der Klagemauer am Misttor. Dazwischen geht die Bummelfahrt durch Armenisches und Jüdisches Viertel, Erläuterungen gibt's über Audio-Guides.
Abfahrt alle 30 Min. So–Do 10–20, Winter bis 18 Uhr, Fr bis 1 Std. v. Shabbat, Buchung T 072 329 07 60, www.itraveljerusalem.com/old-city-train, hin & zurück 30 NIS (Vorausbuchung 28 NIS), eine Richtung 20 NIS (19).

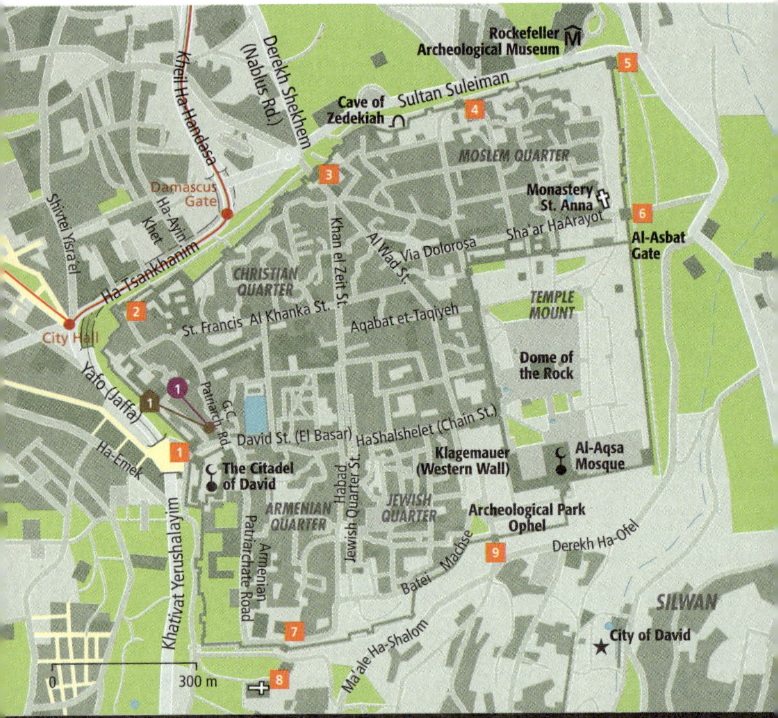

Cityplan: Karte 2, Tram: City Hall, Damascus Gate

ADRESSEN UND INFOS

Stadtmauer: T 072 329 07 03, Fr/Fei 9–14 (Nordtour Fr geschl.), Sa–Do April–Sept. 9–17, Okt.–März 9–16 Uhr, Eintritt 18 NIS, Dauer Nordtour knapp 1 Std. 30 Min., Südtour ca. 1 Std. In den Sommermonaten möglichst früh starten; Sonnencreme und Hut mitnehmen! Wegen hoher Stufen, steiler Treppen und auch einiger Wendeltreppen benötigt man trittfestes Schuhwerk.

KULINARISCHES FÜR ZWISCHENDURCH

Ein paar Schritte vom Jaffator entfernt, versteckt sich das **Versavee** 1 (Greek Catholic Patriarchate Rd., T 02 627 61 60, www.versavee.com, tgl. 10–1 Uhr, ab 35 NIS) – Café, Restaurant und Bar in einem. Das Lokal hinter dem New Imperial Hotel bietet im Schatten etliche Plätze für Frühstück und Sandwiches, auch Pasta, arabische Spezialitäten, ein kühles Bier oder brauchbare Cocktails.

berichtet, Sultan Suleiman seien im Traum zwei Löwen erschienen, die ihn ermahnten, die Stadtmauern wieder zu errichten, sonst würde er von Löwen gefressen. Er folgte dem Rat und schmückte das Tor zur Erinnerung mit zwei Steinlöwen. Bei Christen hat sich der Name **Stephanstor** (St. Stephen's Gate) eingebürgert, denn in der Nähe wurde Stephanus, der erste Märtyrer der Christenheit, gesteinigt. Im Sechstagekrieg 1967 drangen israelische Truppen erstmals durch dieses Tor in die Altstadt vor.

Tempelberg in Sichtweite

Gehen Sie auf der Mauer bis ans Ende des Pfads, ehe Sie zur **Via Dolorosa** am Löwentor hinuntersteigen. Sie blicken auf den **Tempelberg,** sehen die Al-Aqsa-Moschee und den Felsendom. Zu Gebetszeiten ist der Ruf des Muezzins ein unvergessliches Klangerlebnis. Nach dem Freitagsgebet strömen Gläubige durch das **Al-Asbat-Tor** (Gate of the Tribes, Bab al Asbat) in die Altstadt zurück.

Südtour: Von der Zitadelle zum Misttor

Der Zugang zum südlichen *ramparts walk* liegt etwas versteckt an der Rückseite der Zitadelle. Der Mauerweg, rechter Hand mit Blick bis zum King David Hotel, führt am armenischen Viertel vorbei zum **Zionstor** 7 (Zion Gate, Sha'ar Ziyyon, Bab el Nabi Daud). Es wurde von Mamelucken errichtet und von Türken restauriert. Seit dem Unabhängigkeitskrieg von 1948 weist es Spuren heftiger Schießereien auf. Unübersehbar ist der Glockenturm der **Dormitiokirche** 8.

Im Bereich des jüdischen Viertels liegt das **Misttor** 9 (Dung Gate, Sha'ar HaAshpot, Bab el Magariba). Seit dem 2. Jh. brachten die Altstadtbewohner ihren Müll durch diesen Ausgang. Weiter geht es hier nicht. In der Nähe liegen die Davidsstadt und der Jerusalemer **Archäologiepark.** An der Klagemauer erkennen Sie die Holzrampe, für Nichtmuslime der einzige Zugang zum Tempelberg. Die arabische Siedlung gegenüber heißt Silwan.

UM DIE ECKE

Der Kaiser war auch schon da

Nicht Beckenbauer, sondern Wilhelm II. nächtigte 1898 im heutigen **New Imperial Hotel** 1 (Jaffa Gate, T 02 628 22 61, www.newimperial.com, Bus 38: Jaffa Gate, DZ ab 390 NIS). Sie müssen nicht einchecken, um diese historische Herberge zu besichtigen, die nicht nur in der Lobby mit zeitgeschichtlichen Fotografien noch viel vom Charme der guten alten Zeit verströmt. Nehmen Sie auf der Dachterrasse ein Getränk und genießen obendrein die Aussicht.

Ü ÜBRIGENS

»Nächstes Jahr in Jerusalem« – das geflügelte Wort hängt mit dem feierlichen Sederabend, dem Vorabend des Pessachfests (Erinnerung an Knechtschaft, Auszug aus Ägypten) zusammen. Mit diesem Wunsch werden Thoralesungen und gemeinsames Essen beendet. Die Tradition entstand in der Diaspora, als die Juden kein eigenes Land mehr hatten, aber als ein in alle Welt zerstreutes Volk die Hoffnung auf ein gemeinsames Israel mit dem heiligen Jerusalem als Hauptstadt nicht aufgab.

Das Zionstor

#2

Spaziergang durch Jahrtausende – **im armenischen Viertel**

Von König Herodes zu Oskar Schindler: Am Jaffator erhebt sich imposant die Davidszitadelle. Als archäologische Grabungsstätte und Museum zur Stadtgeschichte steht sie am Beginn einer Tour durch das armenische Viertel. Der Weg führt auch vor die Tore der Altstadt: Am Berg Zion feierte Jesus mit seinen Jüngern das Abendmahl. Eine Pilgerstätte der Moderne erinnert an einen ›Gerechten unter den Völkern‹.

Mit Sternenhimmel gibt es die Armenian Patriachate Road nur beim alljährlichen Lichterfest zu sehen. Die Straße verbindet in der Altstadt das Jaffa- mit dem Zionstor.

Wuchtig erhebt sich die **Zitadelle** 1, man fühlt sich richtig klein davor. Die Grundmauern stammen aus der Zeit der Makkabäeraufstände im 2. Jh. v. Chr. Wiedererbaut wurde die Wehran-

lage 23 v. Chr. von Herodes I., der sie mit drei fast 40 m hohen Türmen absicherte. Römische Prokuratoren nutzten die Festung als luxuriöse Residenz, bis sie Titus Flavius Vespasian, Feldherr unter Nero, 70 n. Chr. zerstörte. Einzig die drei Türme ließ er als Zeichen der Tapferkeit seines Heers stehen. Im 14. Jh. erweiterten Mamelucken eine 200 Jahre früher entstandene Kreuzritterfestung. Suleiman fügte im 16. Jh. die Zitadelle hinzu und bezog diese in die Stadtmauer mit ein.

Hinter dicken Mauern

Die Ausstellung des **Zitadellenmuseums** (History Museum of Jerusalem) lässt mithilfe moderner Multimediatechnik die Historie der Stadt aufleben, sie zeigt u. a. den Tempel von allen Seiten. Die komplexe Geschichte der Zitadelle spiegeln die Ausgrabungen im Innenhof wider. Sie förderten u. a. Fundamente mameluckischer Bauten zutage. Ausgestellte Katapultsteine vom Beschuss Jerusalems tragen noch die Insignien der zehnten römischen Legion: LXF (Legio X Fretensis). Abends gibt es im Innenhof die Klang- und Lichtshow **The Night Spectacular** (▶ S. 109).

Von der Zitadelle geht man durch die Casa Nova Street und die Armenian Patriarchate Road, eine Gasse mit beiderseits hohen Mauern. Das Viertel ist eine eigene Stadt innerhalb der Altstadt mit Wohnhäusern, Bibliotheken und Schulen. Auf dem Weg liegen verschiedene Keramikgeschäfte sowie die empfehlenswerten Restaurants **Armenian Tavern** 1 und **Bulghourji Lounge and Gardens** 2.

Flucht vorm Völkermord

Das armenisch-orthodoxe Kloster im Zentrum des Viertels grenzt an das Armenische Patriarchat und die beeindruckende **Jakobuskirche** 2 (St. James Cathedral) aus dem 11./12. Jh., benannt sowohl nach dem Apostel Jakobus als auch nach dem gesteinigten Jakobus. Die Gebeine des Letzteren sollen unter dem Altar dieser Kreuzfahrerkirche liegen. Das in der Nähe der Kirche gelegene **Mardigianmuseum** 3 für armenische Kunst und Geschichte zeigt u. a. wertvolle handgeknüpfte Teppiche, Keramiken, Schmuck, Münzen sowie eine Gutenberg-Presse; zudem dokumentiert es den Völkermord der

F
FRAUEN

Die **Belästigung von Frauen** ist von der Uni bis in die Armee eines der größeren Übel in Israel. Obwohl breit in den Medien und der Öffentlichkeit thematisiert, ist der Prototyp, dem frau begegnet, nach wie vor der *oriental macho.* In Israel, mehr noch in den palästinensischen Gebieten, gilt daher leider der Rat: Wenn die Männer schon nicht zu ändern sind, dann achten Sie bitte auf dezentes Auftreten und entsprechende Kleidung.

Die rund 1300 hier lebenden Familien sind meist Nachfahren jener Armenier, die dem türkischen Völkermord 1915/16 entfliehen konnten.

vom deutschen Kaiserreich unterstützten Türken an den Armeniern 1915/16.

»Mache dich auf, meine Freundin«

Durch das **Zionstor** (Zion Gate) verlässt man die Altstadt. In christlicher Tradition war der heutige

INFOS/ÖFFNUNGSZEITEN

Zitadelle 1: Jaffator, T 02 626 53 33, www.tod.org.il, Sa–Do, Fei 9–16 (Aug. 9–17), Fr, vor Fei 9–14 Uhr, 55 NIS, inkl. Night Spectacular (► S. 109) 70 NIS; an der Kasse Audioguides
Jakobuskirche 2: Armenian Patriarchate Rd., Zugang nur während der Gottesdienste: Mo–Fr 6.30–7.30, 15–15.30, Sa 8, So 6.15, 8 Uhr
Mardigianmuseum 3: Armenian Patriarchate Rd., T 02 628 23 31, wegen Restaurierung bis 2019/20 geschl.
Dormitiokirche 4: Mt. Zion, www.dormitio.net. Mo–Sa 11–17.30, So 11.30–17.30 Uhr, bei Gottesdiensten nur für Teilnehmer der Hl. Messe
Davidsgrab 5: Mt. Zion, tgl. 8 Uhr bis Sonnenuntergang
Oskar Schindlers Grab 6: Katholischer Friedhof, Mt. Zion, Mo–Sa 8–12 Uhr, T 052 538 83 42
St. Peter in Gallicantu 7: Mt. Zion, tgl. 8–11.45, 14–17 Uhr

ESSEN & TRINKEN

Im Gewölbe einer früheren Kreuzfahrerkirche liegt die **Armenian Tavern** ❶ (79 Armenian Patriarchate Rd., T 02 627 38 54, Mo–Sa 12–22 Uhr, ab 80 NIS). Auf handbemalten Tellern serviert man *khorovaz* (Schaschlik), *lahmajun* (Pizza), *basturma* (Rindfleisch) und *soujuk* (Würstchen).

GARTEN MIT AUSBLICK

Das armenische Restaurant **Bulghourji Lounge and Gardens** ❷ (6 Armenian Patriarchate Rd., 02 628 20 72, tgl. 12–22 Uhr, ab 80 NIS) wird gern für Familienfeiern und Buffets genutzt.

KAFFEEPLAUSCH BEI BENEDIKTINERN

Der Wissens- und Getränkedurst kann einen hier schon mal überfallen. In der **Cafeteria der Dormitioabtei** ❸ (T 02 565 53 30, Mo–Sa 11–17.30, So 11.30–17.30 Uhr) unterhalten sich die Patres gerne mit ihren Gästen – es ist spannend, was sie über ihren Alltag zu erzählen haben. Im **Klosterladen** 1 gibt es Devotionalien, Bücher, CDs, Postkarten und Schnitzarbeiten aus Olivenholz.

Cityplan: Karte 2, L 6/7

Berg Zion (Mount Zion) das Stadtgebiet Jerusalems, in dem die ersten Christen lebten. Nach der Überlieferung war hier der Ort, an dem Jesus den Jüngern die Füße wusch, die Verleugnung durch Petrus und den Judasverrat prophezeite und das Letzte Abendmahl stattfand.

Unübersehbar ragt der Glockenturm der **Dormitiokirche** 4 (Kirche des Totenschlafes) empor, die an den Tod der Gottesmutter Maria erinnert und seit 1906 den Benediktinern gehört. 1898 schenkte der türkische Sultan Abdul Hamid das Grundstück Kaiser Wilhelm II. bei dessen Besuch. Dieser ließ einen Rundbau nach dem Vorbild der Pfalzkapelle von Aachen errichten. Ein Mosaik – Maria mit dem Jesuskind – schmückt die Kuppel der Apsis. Zu lesen ist ein in diesem Kontext irritierendes Zitat aus dem Hohelied 2, 10: »Mache dich auf, meine Freundin, meine Schöne, und komm!« An der Wand sieht man Darstellungen der Propheten, den Boden zieren Tierkreiszeichen. Ein Deckenmosaik zeigt Jesus, der seine Mutter zu sich holt, darunter liegt Maria auf dem Sterbebett.

Ein berühmtes Abendmahl

Die jüdische Glaubenstradition zollt dem **Davidsgrab** 5 (King David's Tomb) höchste Verehrung: Hier beteten viele Juden, ehe sie 1967 Zugang zur Klagemauer bekamen. Die Grabstätte, heiliger Ort auch für Christen und Muslime, wird im Buch der Könige jedoch weiter östlich »in der Stadt Davids« auf dem Ophelhügel angesiedelt, wovon auch Archäologen ausgehen. Im 16. Jh. von Türken zeitweilig zur Moschee umgewandelt, besitzt das Grab heute als Vorraum eine Synagoge, darüber das imposante **Coenaculum** (Abendmahlssaal), in Erinnerung an das Letzte Abendmahl, im 14. Jh. von Franziskanern errichtet.

UM DIE ECKE

Ort des Hahnenschreis
Östlich des Bergs Zion liegt, versteckt hinter Bäumen, die 1930 errichtete Kirche **St. Peter in Gallicantu** 7 (St. Peter zum Hahnenschrei). Sie erinnert an den Apostel Petrus und seine dreimalige Verleugnung Jesu, die hier stattgefunden haben soll. Nett: das Café.

S
SCHINDLER

Ein Grab auf dem **römisch-katholischen Friedhof** 6 (Catholic Cemetery) wurde zur Pilgerstätte: das von **Oskar Schindler** (gest. 1974). Steven Spielberg machte seine Geschichte mit dem Film »Schindlers Liste« (1993) bekannt. Schindler rettete in seiner Krakauer Munitionsfirma während des Dritten Reichs jüdische Zwangsarbeiter vor den Nazis. Auf eigenen Wunsch wurde er am Berg Zion beigesetzt. Ein Kreuz ziert das Grab mit der deutschen Inschrift: »Der unvergessliche Lebensretter 1200 verfolgter Juden«. Als einziges ist es nach jüdischer Tradition mit Steinen bedeckt. Das Grab ist nicht ganz leicht zu finden. Es liegt auf der unteren Terrasse, rechts vom breiten Mittelweg, von unten gezählt in der sechsten Grabreihe rechts das erste Grab.

#3

Hier sind alle auf dem Kreuzweg – **Via Dolorosa**

Schlag drei Uhr, als Jesus gekreuzigt wurde, ziehen die Pilger betend und singend am Löwentor los. Auf 14 Stationen zeichnet die Via Dolorosa den Leidensweg Christi nach, beginnend mit dem Todesurteil durch Pilatus.

Die Via Dolorosa, der Kreuzweg Jesu von der Burg Antonia bis zum Kalvarienberg, verbindet das muslimische und das christliche Viertel. Freitag ist der große Tag der Pilger: ein bunt gewürfelter Haufen aus Jung und Alt, Nonnen und Ordensbrüdern, Touristen in Shorts, Fotoamateuren. Priester mit Megafonen führen die betenden Gruppen an. Rund 130 000 Menschen besuchen die Via alleine in der Karwoche. Die arabischen Händler warten schon. Nicht nur Getränke, auch Postkarten, Teppiche sowie allerlei profaner und religiöser Nippes, Abbildungen der Kaaba neben Christus- und Marienbildern, sind im Angebot. Einige Läden verkaufen für ein paar Shekel Dornenkronen, die sich manche aufs Haupt drücken. Entrückt und verklärt wirken viele, einige haben Tränen in den Augen.

Das Leid Jesu Christi nachempfinden und teilen: Pilger ziehen nicht nur am Karfreitag mit Dornenkronen auf dem Kopf und geschulterten schweren Holzkreuzen über die Via Dolorosa.

Wenn Gelähmte wieder gehen ...

Gleich zu Beginn der Via Dolorosa sollten Sie kurz das **St.-Anna-Kloster** 1 (Monastery St. Anna) sowie die gleichnamige Kirche (1140) besuchen, ein wunderbares Beispiel der Kreuzfahrerarchitektur. Nach muslimischem und christlichem Volksglauben soll an der Stelle über der Krypta das Haus der Eltern Marias (Anna und Jojakim) gestanden haben. Die dreischiffige Kirche ist sehr schlicht gehalten. Der Hochaltar wurde 1954 geschaffen: Er zeigt Verkündigung, Geburt und Kreuzabnahme Christi sowie an den Seiten Maria im Tempel und Maria mit ihrer Mutter Anna.

Daneben liegen die Ausgrabungen an den **Teichen von Bethesda** 2 (Bethesda Pool). Nach dem Neuen Testament hat Jesus hier am Shabbat einen Gelähmten kuriert (aramäisch: *bethesda* – Haus der Barmherzigkeit). Im Mittelalter wurde der Teich zugeschüttet und zwischen 1873 und 1914 bei Ausgrabungen wiederentdeckt.

Stationen I und II: Pilatus verurteilt Jesus zum Tod, Jesus nimmt das Kreuz

Ohne historischen Bezug, nur aus organisatorischen Gründen beginnt der Kreuzweg im Hof der **Omariyaschule** 3, in der sich die für Besucher nicht zugängliche **Dornenkrönungskapelle** befindet. Der Weg die Rampe hoch und durch das Eisentor (Fr bis 16 Uhr geschl.) lohnt sich. Durch die Luken im Gemäuer erhaschen Sie gute Ausblicke auf Felsendom und Tempelberg.

Geißelungs- und Verurteilungskapelle 4 (Church of the Flagellation) liegen schräg gegenüber in einem Franziskanerkloster. Sehenswert sind besonders die Glasfenster der Geißelungskapelle. Sie bebildern die Folter, zeigen, wie Pilatus seine Hände in Wasser wäscht sowie die Freude des Barabbas über seine Freilassung. Die Wandbilder in der Verurteilungskapelle greifen bereits der IV. Station vor: Hier ist Jesus mit Maria zu sehen.

Ecce Homo!

Der doppelfenstrige **Ecce-Homo-Bogen** (136 n. Chr.) überspannt die Gasse zur **Ecce-Homo-Basilika** 5, die der zum Katholizismus konvertierte Jude und Pater Ratisbonne 1857 für jene Stelle hielt, an der Pilatus angesichts des tapfer seine Qualen ertragenden Jesu »Ecce homo!« ausgerufen haben soll.

R
RUHE

Mitten im Trubel des muslimischen Viertels, wo es keiner erwartet, genießen Sie auf einer herrlichen Dachterrasse die Ruhe, österreichisch-orientalische Küche, Schnitzel und Sachertorte inklusive. Wo? Im **Österreichischen Hospiz** 7, 37 Via Dolorosa.

Schwer beladen: eine palästinensische Marktfrau auf der Via Dolorosa.

H
HEILIG

Kreuze, Rosenkränze, Heiligenfiguren: Der große Devotionalienladen **The Palace** 1 (6 Via Dolorosa, T 02 627 29 67) bei Station II hat nette Besitzer, die sich gerne auf einen Plausch einlassen und vom Leben in der Altstadt erzählen.

Der Schattenriss des koptischen Kreuzes markiert die Station IX auf der Via Dolorosa.

Ratisbonne ließ die Basilika bauen und gründete das Kloster **Nôtre Dame de Zion** 6 (Sisters of Zion Convent). In der Krypta stoßen Sie auf das Steinpflaster des Hofs, in dem Pilatus Jesus verurteilt haben soll – tatsächlich stammt es erst aus dem 2. Jh.

Station III: Jesus stürzt zum ersten Mal

Die Via Dolorosa mündet an der Ecke des berühmten **Österreichischen Pilgerhospizes** 7 (Austrian Hospice, 1863; ▸ S. 88) nach links in die lebhafte Al Wad Street. Arabische Frauen hocken am Boden und verkaufen Kräuter. In den Straßenrestaurants legen Reisegruppen Pause ein. Am Eingang zum Armenisch-katholischen Patriarchat liegt Station III, die kleine, liebevoll gestaltete **Polnisch-katholische Kapelle** 8 (Polish Catholic Chapel) mit dem stürzenden Jesus samt Kreuz über dem Altar.

Station IV und V: Jesus trifft auf seine Mutter, Simon nimmt das Kreuz

In der kleinen armenisch-katholischen **Kirche der Schmerzen Mariä** 9 (Our Lady of the Spasm) stellt ein Bodenmosaik dar, wie Jesus auf seine Mutter trifft. An der Ecke, nächster Haltepunkt, biegt die Via Dolorosa nach rechts in die Al Khanka Street ab.

Der zufällig unter den Zuschauern stehende Simon von Kyrene muss, gezwungen von römischen Soldaten, das Kreuz tragen, als Jesus nicht mehr die Kraft dazu hat. Das Gedränge vor der **Kapelle** 10 ist oft groß.

Station VI: Veronika trocknet Jesu Gesicht

Leicht zu verfehlen ist dieser Haltepunkt auf der linken Seite der Gasse, wo Veronika mit ihrem Schleier Blut und Schweiß von Jesu Gesicht abtupfte. Eine **Klosterkapelle** 11, errichtet an der Stelle von Veronikas Haus, erinnert an die Legende. An der Mauer der Via berühren viele Gläubige den Gedenkstein.

Station VII: Jesus stürzt zum zweiten Mal

Im 1. Jh. befand sich hier, im heutigen Hauptgeschäftsviertel, der Stadtrand. Eine rot markierte Säule deutet in der kleinen **Franziskanerkapelle** 12 (1875) auf die genaue Stelle des Sturzes Jesu, der über dem Altar dargestellt ist.

Ü ÜBRIGENS

Historisch gesehen ist der heutige Pilgerweg nicht sehr wahrscheinlich. Im Mittelalter existierten sogar zwei **Passionswege,** einer mit acht Stationen für die Einheimischen, einer mit 14 Haltepunkten, den europäische Pilger nach eigener Gewohnheit vorzogen. Die I., IV., V. und VIII. Station wurden erst im 19. Jh. festgelegt. Römische Zahlen kennzeichnen an den Mauern die jeweiligen Stationen.

Station VIII: Jesus spricht zu den weinenden Frauen

Dieser Platz lag bereits außerhalb der Stadtmauer, nahe dem Ort der Kreuzigung. Am **Charalamboskloster** 13 sind an der Mauer das Kreuz und die Buchstaben ICXC NIKA zu erkennen, griechisches Christogramm für ›Jesus Christus Sieger‹. Von hier gehen Sie ein Stück des Wegs zurück bis zur nächsten Kreuzung und biegen dann von der Al Khanka Street nach rechts in den Souq Khan el Zeit ab. Nach etwa 100 m führt rechts eine breite Treppe hoch zur ›Coptic Orthodox Church‹.

Station IX: Jesus stürzt zum dritten Mal

Überreste einer Säule am **Koptischen Kloster** 14 markieren die Stelle des Sturzes am Fuß des Golgatahügels. Dem Weg folgend, erblicken Sie rechts einen Mauervorsprung mit einem großen Holzkreuz. Linker Hand folgt später ein historisches Kuriosum: Sie stehen auf einem Klosterhof über der Grabeskirche. Die große Freifläche mit der Lichtkuppel ist das äthiopische Klosterdorf **Deir el Sultan** 15 (Kloster des Sultans; ► S. 35). Wenn Sie nicht den schöneren, aber längeren Weg über die Basargassen zur **Grabeskirche** 16 (Church of the Holy Sepulchre) nehmen wollen, gehen Sie durch das Portal in der rechten Ecke des Dorfs hinunter zum Gotteshaus mit den Stationen X bis XIV (► S. 33).

RENT A CROSS

Entlang der Via Dolorosa vermieten zahlreiche Geschäften **Holzkreuze** in allen Größen und Gewichtsklassen, 20–40 NIS. Dornenkronen kosten 40–50 NIS.

IN RUHE ESSEN

Nicht ganz so hektisch wie sonst auf der Via Dolorosa ist es an Station III. Im Innenhof des Armenisch-katholischen Patriarchats befindet sich das einfache **Armenian Restaurant** 1 (ab 40 NIS). Drinnen ist es wegen des hallenden Gewölbes sehr laut, aber im Hof sitzt man eh schöner. Der Wirt scherzt gerne, es gebe bei ihm nur zwei Gerichte: gute Getränke und gutes Essen (Vorspeisen, Pizza, Shawerma und Falafel).

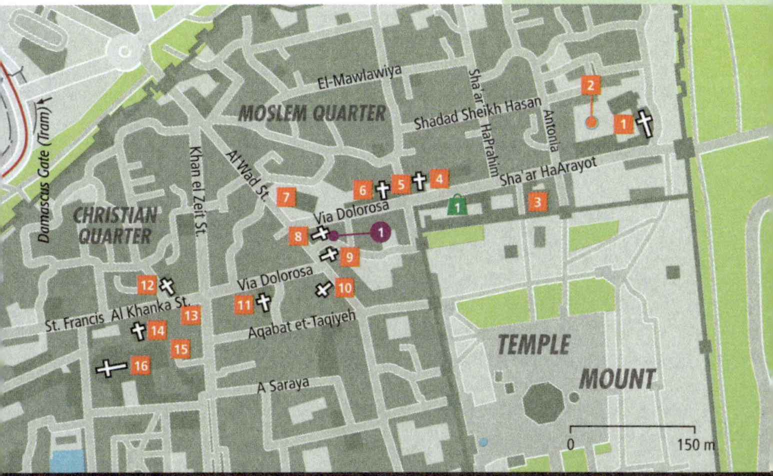

Cityplan: Karte 2, L/M 5 | **Tram:** Damascus Gate

#4

Fromme Patres, wilde Mönche – **rund um die Grabeskirche**

Der Besuch der Grabeskirche wird Sie anfangs verwirren, weil Sie sich genau genommen in über 30 verschiedenen Kirchen und Kapellen, verteilt auf zwei Etagen, befinden. Der Pilgeransturm mit Messen und Prozessionen ist oft enorm. Denn hier liegen mit den Stationen X–XIV Fortsetzung und Ende der Via Dolorosa – nicht zu vergessen der Nabel der Welt.

Die **Grabeskirche** 1 (Church oft the Holy Sepulchre) wurde 331 von Helena, der Mutter des römischen Kaisers Konstantin, auf den Trümmern eines römischen Venustempels erbaut. Die heutige Architektur stammt weitgehend von den Kreuzrittern, die sie am 15. Juli 1149, dem 50. Jahrestag der Einnahme Jerusalems, einweihten. Bei der Rückeroberung Palästinas (1187) verzichtete Saladin darauf, in der Grabeskirche zu beten, damit sie nicht später in eine Moschee umgewandelt würde. 1808 wurde die Kirche teilweise ein Opfer

Fatimiden-Kalif Al Hakim befahl Anfang des 11. Jh. die Zerstörung des Heiligen Grabes in der Grabeskirche, mit ein Auslöser für den Ersten Kreuzzug.

der Flammen, 1927 beschädigte sie ein Erdbeben. 2016/17 wurde kräftig renoviert.

Vom gepflasterten Vorhof (12. Jh.) ist die Südfassade zu sehen, dekoriert mit wunderschönen Steinmetzarbeiten der Kreuzfahrerzeit. Die Kirche betreten Sie durch ein Portal mit Spitzbögen und sehen auf dem Boden eine rötliche Kalksteinplatte, vor der Gläubige knien und sie küssen. Es ist der Salbungsstein, auf dem nach der Überlieferung der Leichnam Christi gesalbt wurde. Einen guten Blick auf die Szene hat man von oben. Unmittelbar hinter dem Stein führt eine Treppe hinauf zum 1810 errichteten Golgata; der Name dieses Orts leitet sich vom aramäischen Wort für Schädel ab und bezieht sich auf die Form des hiesigen Felsens.

Ein mystischer Moment: Das Licht fällt durch die Kuppel der Grabeskirche. Sie erreichen sie übrigens über das Dorf der Äthiopier, das auf dem Dach gebaut ist.

»Warum hast du mich verlassen?«

Drei Altäre dominieren die zweischiffige Golgatakapelle, in der sich der Kreuzweg fortsetzt: rechts der **Kreuzannagelungsaltar** von 1588 mit Station X (Jesus wird seiner Kleider entledigt) und XI (Jesus wird ans Kreuz genagelt); links der **Kreuzigungsaltar** mit Station XII (Jesus stirbt). Unter einer silbernen Platte kann man hier, auf dem Boden kniend, die Vertiefung ertasten, in der das Kreuz Jesu stand. Daneben findet sich der Felsspalt, der sich beim Tod Jesu auftat. »Und zu der neunten Stunde rief Jesus laut: (…) Mein Gott, mein Gott, warum hast du mich verlassen? (…) und verschied.« (Markus 15, 34–37). Der **Stabat-Mater-Altar** (lat. für ›Es stand die Mutter‹) in der Mitte des Raums bildet Station XIII des Kreuzwegs: Der Leichnam wird in den Schoß der Gottesmutter gelegt.

Mit Stöcken und Fackeln

Für die letzte Station, Jesu Grablegung und Auferstehung, gehen Sie wieder ins Erdgeschoss zur großen **Grabrotunde,** dem halbrunden Bau mit einer 50 m hohen Kuppel, gestützt durch eine 1863 erbaute Eisenkonstruktion, unter der das Grab Jesu liegt. Lange Menschenschlangen stehen vor dem schmalen Eingang des unbeleuchteten Grabs, das nicht mehr als vier bis sechs Gläubige gleichzeitig fasst. Der **Schrein** wurde 1810 in türkischem Rokokostil erbaut. Eine Marmorplatte, über der drei Bilder die Auferstehung darstellen, verdeckt den Fels, auf dem Jesu Leichnam bis zur Osternacht lag.

S
SCHLÜSSEL

Seit dem Mittelalter tobt der Streit um die Hoheit über die Grabeskirche, der bis heute ab und an zu Handgreiflichkeiten führt. Schon die Osmanen betrauten zwei muslimische Familien mit dem Hausmeisteramt und der alleinigen Schlüsselgewalt. Diese Familien öffnen und schließen bis heute das Heiligtum jeden Tag. Wegen des Streits darf auch die Leiter an der Fassade seit 200 Jahren nicht entfernt werden.

INFOS/ÖFFNUNGSZEITEN

Grabeskirche 1: tgl. 5–21, So 20 Uhr
Erlöserkirche 5: Muristan St., Mo–Sa 10–17 Uhr; Glockenturm Mo–Sa 10–13, 14–17 Uhr, 15 NIS
Kirche Johannes des Täufers 6: Muristan St., unregelmäßige Öffnungszeiten, einfach vorbeischauen und nach einem Priester fragen.

KULINARISCHES FÜR ZWISCHENDURCH

Im **Panoramic Golden City Restaurant** 1 können Sie sich und Ihren Füßen die verdiente Ruhe gönnen. Auch auf der Dachterrasse mit Panoramablick bis zum Felsendom gibt es Hummus, Gegrilltes und vieles mehr (Aftimos Market, T 052 555 78 89, 02 628 44 33, tgl. 8–18 Uhr, Menü ab 50 NIS).

Cityplan: Karte 2, L 5/6 | **Tram:** Damascus Gate

Wo Jesus erschien

Der **Umgang der Rotunde** wird häufig von Prozessionen feierlich umrundet, dann wird es eng. Die verschiedenen Konfessionen pflegen eigene Riten. Bei manchen gehen ehrwürdige Männer voran, die mit schweren Stöcken rhythmisch auf den Boden klopfen, Dutzende von Priestern folgen betend, begleitet von Fackelträgern – ein unvergessliches Erlebnis.

Im westlichen Abschnitt der Grabrotunde liegen das **Grab des Jüngers Josef Arimatäa,** der Jesus Leib eingewickelt und in das für ihn selbst gehauene Grab gelegt hatte, die **Aula der Maria Magdalena** (sie sah als Erste den Auferstandenen) sowie die **Erscheinungskapelle** (Marienkapelle der Franziskaner). Deren zentraler Säulenstumpf wird als Geißelungssäule Jesu verehrt; hier erschien der auferstandene Jesus seiner Mutter.

Der Mittelpunkt der Welt

Östlich der Rotunde, vom Eingang kommend rechts, stoßen Sie auf den **Nabel der Welt,** einst ein offener heiliger Garten mit einer markanten Steinsäule, eines von vielen religionsgeografisch gemeinten Zentren der Welt, wie sie in der Antike und im Mittelalter von verschiedenen Kulturen festgelegt wurden.

▶ LESESTOFF

Wie haben andere Jerusalem-Besucher zu anderen Zeiten, mit anderen Augen, die Stadt erlebt? Michael Baade (Hrsg.) hat mit **Jerusalem: Die Heilige Stadt. Ein Lesebuch** (Herder 2009) eine abwechslungsreiche Sammlung zusammengetragen, u. a. mit Texten aus dem Koran, von Carsten Niebuhr, Ralph Giordano, Stefan Heym, Selma Lagerlöff. Auch sehr, sehr schön: Wolfgang Büschers aktuelle, teils melancholische Reisebeschreibung **Frühling in Jerusalem** (Rowohlt 2016).

Dachgesellschaft

Beim Verlassen der Kirche liegt linker Hand der Zugang zur **Michaelskapelle.** Durch das schlichte, liebevoll gestaltete Gotteshaus erreicht man eine zweite Kirche mit einem Bild der jemenitischen Königin von Saba, die Salomo prüft. Eine Treppe führt hoch zum äthiopischen **Deir el Sultan** 2 (Kloster des Sultans), auf dem Dach die markante Lichtkuppel der darunterliegenden **Helenakapelle.** Die freundlichen äthiopischen Brüder und Schwestern ließen sich hier in Lehmhütten nieder, nachdem sie im ewigen Streit um die Grabeskirche von Kopten vertrieben worden waren.

Die Kirche der Deutschen

Auf 19 Hektar nimmt rund um die Grabeskirche das **christliche Viertel** (Christian Quarter) mit rund 1200 Familien den nordwestlichen Teil der Altstadt ein, zieht sich vom Jaffator bis fast an das Damaskustor und wird von der Stadtmauer sowie der belebten David Street eingegrenzt. Die von Saladin gestifteten Moscheen **Al Omaria** 3 und **Al Khanka** 4 liegen südlich und nördlich der Grabeskirche und sollen an das Gebet des ersten Jerusalemkalifen Omar im Vorhof der Grabeskirche erinnern. Die beiden Minarette entstanden im 15. Jh.

Ein hoher weißer Glockenturm (tolle Aussicht, kein Lift), der die Silhouette der Altstadt prägt, ist das auffallendste Merkmal der evangelisch-lutheranischen **Erlöserkirche** 5 (Church of the Redeemer), 1898 an der Stelle einer Kirche aus dem 11. Jh. errichtet. Kaiser Wilhelm II. weihte die Basilika – das Grundstück war ein Geschenk der Osmanen an das Deutsche Reich – bei seinem Jerusalembesuch 1898 ein. Sehenswert sind das mit den Tierkreiszeichen und Monatssymbolen dekorierte Tor des Nordeingangs und der Kreuzgang. Unter der Erlöserkirche erstreckt sich der archäologische Park ›Durch die Zeiten‹, eine Tour, die mit Lichteffekten und 3-D-Animationen 2000 Jahre Jerusalemer Geschichte erzählt.

UM DIE ECKE

Wo früher ein Pilgerhospiz stand, laden heute zwischen Erlöser- und Johanneskirche die Auslagen des **Muristan-/Aftimosmarkts** zum Bummeln und Shoppen ein. Das Angebot: Klamotten, Devotionalien – und Imbisse gibt es auch.

Frauen beim Shoppen im christlichen Viertel der Altstadt. Wie ihre muslimischen Kollegen wollen die Händler hier nur eins: Frieden für die Altstadt.

Ü ÜBRIGENS

Ältestes Gotteshaus Jerusalems ist die **Kirche Johannes des Täufers** 6 (Church of St. John the Baptist), im 11. Jh. von frommen Kaufleuten aus Amalfi auf einer Kirche aus byzantinischer Zeit errichtet. In ihr wurden viele Kreuzritter beigesetzt.

5

Synagogen und Talmudschulen – **im jüdischen Viertel**

Ruhig, sauber, aufgeräumt: Im jüdischen Viertel leben über tausend Familien, und es ist ein Musterbeispiel dafür, wie man eine historische Altstadt mit ihren Talmudschulen und berühmten Synagogen zu neuem Leben erweckt. Der rund 1600 Jahre alte Cardo dürfte eine der ältesten Einkaufsmeilen der Welt sein.

Vom Jaffator erreichen Sie über die David Street das jüdische Viertel, das den südöstlichen Teil der Altstadt einnimmt. Hauptachse ist die **Jewish Quarter Street** – parallel verläuft der **Cardo.** Bis zum römischen Sturm auf Jerusalem 70 n. Chr. lagen hier prächtige Wohnpaläste. Während des 6. Jh. begannen Juden in der Nähe der Klage-

Tollen, spielen, johlen: Das Laubhüttenfest Sukkot wird auf dem Hurva-Platz ausgelassen mit der ganzen Familie gefeiert.

mauer eine Siedlung zu errichten. Im Unabhängigkeitskrieg 1948 geriet das Viertel in jordanische Hand und verfiel. Im Sechstagekrieg 1967 eroberte Israel die Altstadt zurück und begann mit Wiederaufbau und Renovierung.

Von der Ruine zum Schmuckstück

An den **Cardo** mit Galerien, Weinhandlungen, Läden für Judaika und Kunstdrucke schließen sich südlich, unter heutigem Straßenniveau, die **Ausgrabungen** 1 der römisch-byzantinischen Prachtstraße mitsamt alter Säulen an. Archäologen fanden ein komplett erhaltenes römisches Geschäft.

Nun geht es Richtung **Hurva Square,** einem beliebten Platz für Familien: Kinder spielen, Nachbarn picknicken. Hier steht die **Hurvasynagoge** 2. Hurva heißt Ruine und es war das Schicksal dieses vom ashkenasischen Rabbi Jehuda Hasid Anfang des 18. Jh. begonnenen Bethauses, die längste Zeit unbenutzbar zu sein – erst eineinhalb Jahrhunderte nicht fertiggestellt, dann im Krieg 1948 von jordanischen Soldaten zerstört. Nach der Eroberung der Altstadt 1967 wurde die Ruine restauriert und von 2005 bis 2010 im neobyzantinischen Stil komplett rekonstruiert.

Ordnung muss sein

In unmittelbarer Nähe findet man die **Rambansynagoge** 3, deren Name an den Rabbi Moshe Ben Nahman erinnert. 1267 soll er von Spanien aus eingewandert sein. In einem Brief beklagte er sich bei seinem Sohn über den desolaten Zustand der jüdischen Gemeinde Jerusalems, die er dann auf Vordermann brachte. Die beliebte Synagoge ist die älteste im jüdischen Viertel. Im 15. Jh. wurde sie zeitweise zur Moschee umfunktioniert, dabei um das unübersehbare Minarett erweitert.

Der Lohn der Weissagung

Über die Beit El Street gelangen Sie zu einem der berühmtesten Bethäuser Jerusalems: Die **Jochanan-Ben-Zakkai-Synagoge,** Teil eines Komplexes von vier ursprünglich **sephardischen Synagogen** 4. Jochanan Ben Zakkai hatte dem Feldherrn Vespasian die römische Kaiserwürde vorausgesagt und bekam, als die Prophezeiung wahr wurde, das Recht, eine jüdische Akademie

Nicht alt, aber originell: Ein zeitgenössischer Künstler hat in den zwölf um die Menora gruppierten Feldern des Tierkreises historische Mosaikmotive vereint, darunter Waage, Getreide, Schatzkästchen, Löwe und Esel.

TALMUD

Besonders ruhig ist es im Jewish Quarter morgens und spätnachmittags. Plötzlich ist von irgendwoher eine kräftige Stimme zu hören. Wer ihr folgt, blickt durch offene Fenster in eine **Talmudschule,** in der Kinder und Erwachsene die heiligen Schriften des Judentums studieren.

S
SYNAGOGE

Bet knesset heißt auf Hebräisch Synagoge, **Haus der Versammlung.** Seit der Zerstörung des Zweiten Tempels in Jerusalem 70 n. Chr. ist die Synagoge, im Jiddischen *schul* genannt, alleinige Kultstätte des Judentums. Männer und Frauen, die getrennt sitzen und stets ihren Kopf bedecken, beten hier nicht nur dreimal am Tag – zu Feiertagen noch häufiger –, sondern kommen auch zum Studieren und Lesen an diesen Ort. Sie unterhalten sich und diskutieren und die Kinder spielen. Je nach Größe und finanzieller Ausstattung der Synagoge, des Lese- und Gebetsraums, stehen u. a. Thora und Talmud in Regalen zur Verfügung. Zeichnungen von der Klagemauer schmücken oft die Wände. Mittelpunkt der Synagoge ist die *bima*, ein Podest, von dem aus während des Hauptgottesdienstes der Vorleser die Thora liest. Am Ende hält er die Gesetzesrolle hoch und sagt: »Dies ist das Gesetz, das Mose den Kindern Israels vorlegte.«
Den Gottesdienst muss nicht zwingend ein Rabbiner leiten; dieses Ehrenamt kann jeder Mann ausüben, der über 13 Jahre alt ist. Nach orthodoxer Tradition müssen für den Gottesdienst mindestens zehn Männer anwesend sein.

einzurichten. Nach der Zerstörung Jerusalems 70 n. Chr. trug diese mit zum Überleben des zerstreuten Judentums bei. Zu Ehren des Retters errichteten Juden aus Spanien und Portugal hier im 16. Jh. ein Zentrum von Synagogen, das nach umfangreichen Renovierungsarbeiten 1972 wiedereröffnet wurde.

Die bis heute sephardische Ben Zakkai, die größte der vier Synagogen, wurde im Stil einer Moschee erbaut, um sie vor der Zerstörung durch Muslime zu schützen. In der **Eliahu-Hanavi-Synagoge,** dem ältesten Bau, stand einst der **Stuhl des Propheten Elija** (9. Jh. v. Chr.), der von seinen Anhängern als ›neuer Moses‹ verehrt wurde. Das Original musste allerdings einer Replik weichen.

Was nicht passt, wird passend gemacht

Ein Abstecher durch die Tiferet Israel Street führt zur **Broad Wall** 5, einem 2600 Jahre alten, auf 65 m Länge ausgegrabenem Mauerfragment. Bemerkenswert ist diese Ausgrabung auch, weil sie zeigt, wie ungeniert Archäologen in Jerusalem alttestamentarische Bezüge herstellen. Auf Jesaja 22, 10 verweist hier eine Infotafel: »Und ihr zählet die Häuser von Jerusalem und brechet die Häuser ab, um die Mauer zu befestigen.« Vielleicht, steht da, sei das Jesajas Mauer. Vielleicht auch nicht …

Verschwenderischer Reichtum

Vom Hurvaplatz führt die kleine Hakaraim Street zum ehemaligen herodianischen Viertel, dessen Überreste im **Herodian Quarter – Archäologischen Museum Wohl** 6 zusammengefasst sind. 3 m unter heutigem Straßenniveau steht man dort vor den aufregendsten Ausgrabungen des jüdischen Viertels, die einen Eindruck vom Leben wohlhabender Juden zur Zeit des Zweiten Tempels vermitteln. Die erhaltenen Fundamente zeigen Atrien und Empfangshallen mit Stuck an Wänden und Decken sowie Grundrisse von Bädern, Becken für geweihtes Wasser oder Zisternen mit 750 l großen Reservoirs – die Mindestmenge für rituelle Zwecke. Der Wohnkomplex eines Hohepriesters birgt wunderschöne Mosaiken. Es sind die frühesten Jerusalems, die sich wegen des biblischen Verbots figürlicher Darstellung auf geometrische und pflanzliche Ornamente beschränken.

Vom Feuer überrascht

Weiter geht es zum **Verbrannten Haus** 7 (Burnt House), das die Römer 70 n. Chr. zerstörten. 6 m unter heutigem Straßenniveau erinnert alles an die wohlhabende Familie Bar Kathros: Amphoren, Marmortische und Gewichtssteine, denen der Familienname eingeprägt ist. An der Hatimid Street steht unter Glas eine riesige goldene **Menora** 8, Rekonstruktion eines Stücks, wie es im Tempel gestanden haben dürfte.

▶ LESESTOFF

Bei **Moriah Books & Judaica** 2 (40 Misgav Ladach, T 02 628 52 67) finden Sie alles, was unter die Kategorie Judaika fällt, wie Bücher, CDs und Souvenirs.

INFOS/ÖFFNUNGSZEITEN

Vier sephardische Synagogen 4: So–Do 9–16, Sa 9–13 Uhr, 20 NIS
Herodian Quarter – Archaeological Museum Wohl 6: 1 Hakaraim St., T 02 628 34 48, www.jewish-quarter.org.il, So–Do 9–18, Winter 17, Fr/vor Fei 9–13 Uhr, 20 NIS (diverse Kombitickets u. a. mit Burnt House 35 NIS).
Verbranntes Haus (Burnt House) 7: 13 Tiferet Israel St., T 02 628 72 11, So–Do 9.30–16.30, Fr bis 12.30 Uhr, 29 NIS

KOSCHERES ZUM FERNBLICK

Am Burnt House führen Stufen hoch zum koscheren **The Quarter Café Restaurant** 1 (11 Tiferet Israel St., T 102 628 77 70, www.quarter-cafe.co.il, So–Do 9–24, Fr 9–14 Uhr, ab 45 NIS), das sich über einem Kreuzfahrerhof befindet. Alles fleischfrei – Vorspeisen, Bagel, Fisch etc.

SNACKS AUS DER HAND

Die **Tiferet Israel Street** ist der ideale Ort für Hungrige und Durstige: Es gibt Grillfleisch in der **Shawerma Bar** 2, italienische Speisen und Segafredo-Espresso im **Mozzarella** 3, **Marzipan Bakery** 4 sowie Gebäck im **Coffee Bagel** 5.

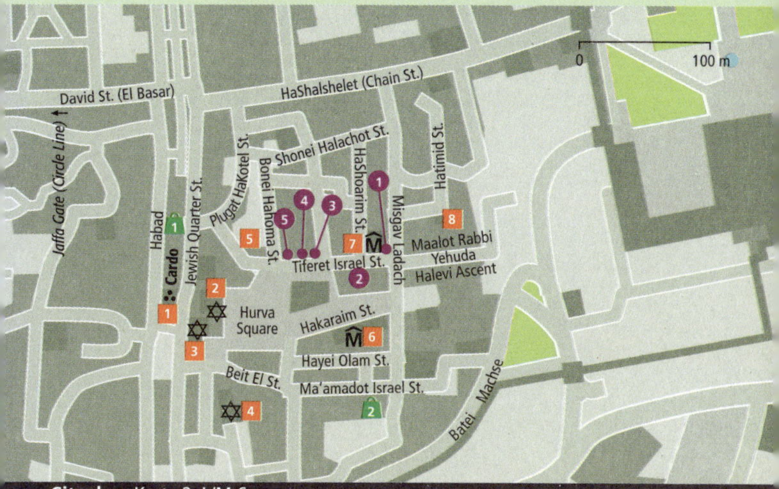

Cityplan: Karte 2, L/M 6

6

Tief im Herzen des jüdischen Universums – **an der Klagemauer**

Die westliche Mauer des Tempelbergs ist eine der heiligsten Stätten des Judentums. Sie erleben das beeindruckende Pilgertreiben und uralte Rituale, ehe eine faszinierende unterirdische Tour zum verborgenen Teil der Klagemauer führt. Zu sehen sind von der Western Wall unter freiem Himmel nämlich nur 57 m von insgesamt 488 m Gesamtlänge.

An der Klagemauer beten die Juden nach Geschlechtern getrennt, die Männer links, die Frauen rechts. Seit einem Gerichtsurteil von 2016 müssen Letztere das nicht mehr still tun, sondern dürfen laut beten. Orthodoxe Juden grollen – manche still, die meisten laut.

An der **Klagemauer** 1 (Western Wall/Wailing Wall, hebr.: *Kotel*), im Sechstagekrieg 1967 erobert, lehnen die Gläubigen in der Haltung des Verzweifelten Kopf und Arm an die Mauer und beten. Andere stecken in die Steinritzen Zettel, sogenannte Kvittelchen, Botschaften des Danks und Gelübde, die nur Gott lesen darf.

In Gottes Namen, Party!

Viele Juden legen Tefillin an, Gebetsriemen um Finger und Arm, Gebetskapseln über der Stirn. Sie

erinnern an den Auszug aus Ägypten und symbolisieren die Verbindung zu Gott. Größter Trubel herrscht rund um die Klagemauer, wenn Familien Bar Mitzwa feiern, die religiöse Mündigkeit von Jungen mit 13 und Mädchen mit 12 Jahren. Dies ist nur montags oder donnerstags möglich – nur dann darf neben Shabbat und Yom Kippur aus der Thora gelesen werden. Auf die Thorazeremonie folgt meist eine ausgelassene Straßenparty.

Nördlich schließt sich an die Klagemauer der nach seinem britischen Entdecker benannte **Wilsonbogen** 2 (Wilson's Arch) an, in dem in Schränken und Regalen z. T. prächtig gearbeitete Thora- und Talmudausgaben bereitstehen. Der Bogen gehörte bis zum 1. Jh. v. Chr. zu einem Viadukt. Hier nehmen Sie auf einem der Plastikstühle Platz, beobachten und bestaunen die Gläubigen und auch die Thoraschreine.

Die Erschaffung der Erde

Was macht die Klagemauer so besonders heilig? Vom **Berg Moriah,** wie die jüdische Tradition den Tempelberg nennt, stammt die Erde, aus der Adam von Gott erschaffen wurde. Die Geschichten von Isaak und Jakobus sind hier angesiedelt. Die Klagemauer ist das letzte verbliebene Stück des Zweiten Tempels. »Und der Tempel liegt in der Mitte Jerusalems«, sagt der Talmud, »und das Allerheiligste ist in der Mitte des Tempels, und der Schrein ist in der Mitte des Allerheiligsten, und der Gründungsstein, aus dem die Welt erschaffen wurde, liegt vor dem Allerheiligsten.« Dem Gründungstein, von dem aus Gott nach jüdischer Vorstellung täglich die Welt neu erschafft, kommt man im **Klagemauertunnel** 3 (Western Wall Tunnel) ganz nahe. Auf einer Länge von 431 m liegt die Klagemauer heute unter der Erde und nicht mehr wie zu Zeiten des Tempels im Freien.

Der König der Steine

Einzelne Monolithe der Klagemauer wiegen 60 t. Sie bestehen aus **Melekeh** (hebr.: königlich), dem in Jerusalem am meisten verwendeten Kalkstein. Seine Vorzüge: Er ist frisch aus dem Steinbruch gehauen weich und leicht zu bearbeiten und härtet an der Luft sehr gut aus. Im Western Wall Tunnel ist der größte bearbeitete Steinblock der Welt zu sehen – 6 m lang, 3 m hoch, 4,5 m tief und

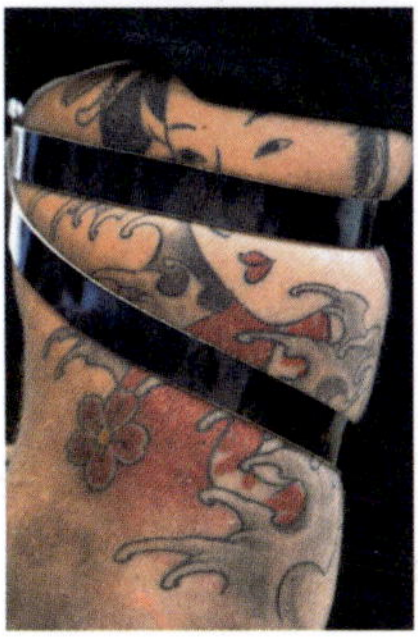

Geisha-Tattoo und Tefillin, die Gebetsriemen, gehen an der Klagemauer offensichtlich bestens zusammen. Die Riemen aus dem Leder rituell reiner Tiere verbinden symbolisch für Verstand, Gefühl und Handeln Kopf, Herz und Hand. Kleine Gebetskapseln enthalten Pergamente mit Torazitaten.

H
HORN

Sollten Sie Hornbläser hören: Das *schofar* genannte Instrument aus dem Horn eines koscheren Tiers, erinnert an Abraham, der anstelle seines Sohns Isaak einen Widder opferte. Es gilt als Zeichen des Gehorsams.

INFOS/ÖFFNUNGSZEITEN

Klagemauer 1: Die 24/7 geöffnete Klagemauer ist für Nichtjuden auch am Shabbat zugänglich – bei generellem Rauch- sowie feiertäglichem Handy- und Fotografierverbot! Zutritt nur mit Kippa. Käppchen gibt's leihweise am Zugang.

Western Tunnel Tour: T 02 627 13 33, info@thekotel.org, www.thekotel.org, So–Do 7 bis abends (je nach Andrang), Fr u. vor Feiertagen 7–12 Uhr, Eintritt 35 NIS, Führung (ca. 80 Min.) obligatorisch. Frühzeitiger Online-Ticketkauf ist empfohlen. Leben und Rituale im Zweiten Tempel erlebt man bei der virtuellen Tour **›A Look in the Past‹**, Eingang rechts vom Zugang der Tunnel-Touren, mit Virtual-Reality-Brille (So–Do 10–23, Fr 9–12 Uhr, 30 NIS).

Archaeological Park Davidson Center 4: T 626 59 06, www.rova-yehudi.org.il, So–Do 8–18, Fr 8–14 Uhr, 35 NIS, tragbare Audioguides an der Kasse

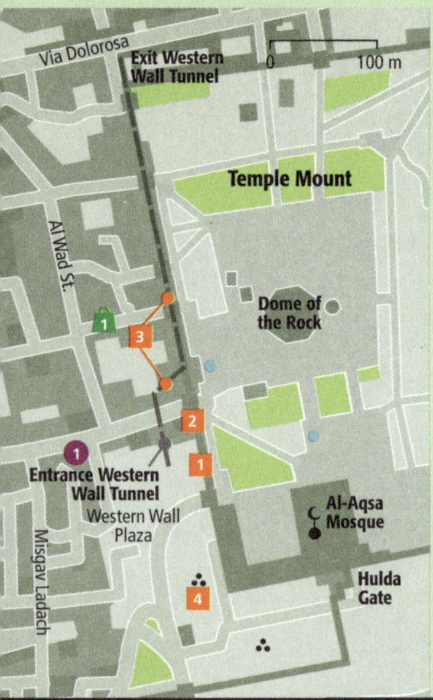

SNACK IM TUNNEL

Von der Plaza führt nach Norden ein Durchgang mit Checkpoint der Polizei. In dieser Passage serviert das einfache und nette **Al Buraq Restaurant 1** Softdrinks, Snacks und mehr (T 02 627 17 38, tgl. 9–20 Uhr, ab 25 NIS).

Cityplan: Karte 2, M 5/6

knapp 600 t schwer. Wie er behauen und transportiert wurde – viele Theorien, keiner weiß es.

Nichts bleibt, wie es war

Nach dem **Warren's Gate,** einem von einst vier Toren zum Tempelberg, erreichen Sie in einer schmalen Tunnelpassage die Stelle der Klagemauer, von der das Allerheiligste mit dem **Gründungsstein** nur 90 m entfernt im Tempelberg liegt, direkt unter dem Felsendom. Wo heute bei Kunstlicht fromme Juden beten, blickten die Gläubigen einst unter freiem Himmel auf den Berg und den Tempel. Auf der original erhaltenen herodianischen Straße geht es durch den Tunnel zu Ausgang und Tageslicht (Station II der Via Dolorosa, ► S. 29). In wenigen Minuten sind Sie zurück an der Western Wall Plaza.

Die Klagemauer

Auf 5000 Jahre Geschichte blickt der **Archäologische Park Davidson Center 4** südlich der Klagemauer zurück – mit Exponaten von der Kanaanitischen Zeit über den Ersten und Zweiten Tempel bis zur christlichen und muslimischen Zeit. Beginnen sollten Sie mit einem Rundgang durch das auf drei Ebenen angelegte **Davidson Center.** Die Ausstellung zeigt Grabungsfunde und erklärt den archäologischen Park. Die digitale Vorführung in der Theater Gallery versetzt Sie virtuell in den Zweiten Tempel und lässt Sie an einer damals typischen Pilgerreise teilnehmen.

Auf dem Areal unterhalb der Al-Aqsa-Moschee sieht man Funde vom Tempelberg aus über 25 freigelegten Siedlungsschichten: Mauerstücke, Bäder für rituelle Waschungen, byzantinische Wohngebäude, Überreste von islamischen Palästen aus der Kreuzfahrerzeit. Vom **Omaijaden-Palast** führte einst eine Brücke in die Al-Aqsa-Moschee. Schön ist an den **Huldatoren** der Ausblick auf Ölberg und das arabische Silwan.

Im nördlichen Teil des Geländes, zu dem Treppen hinabführen, fällt der Blick auf die Reste des **Robinsonbogens,** benannt nach seinem archäologischen Entdecker, Edward Robinson (1794–1863). Die Reste lassen kaum erahnen, dass dies einst ein gewaltiger Brückenbogen war, über den die Pilger den Tempelberg erreichen konnten. Die Nischen beherbergten Läden. Unterhalb der Südwestecke der Altstadt liegt der erste Steinblock, den die Römer bei der Zerstörung des Zweiten Tempels herausbrachen, wie die hebräische Inschrift darauf verrät.

Geheime Botschaften auf Kvittelchen – so heißen die kleinen Zettel, die die Betenden in die Ritzen der Klagemauer stecken. Nur Gott soll deren Inhalt erfahren.

→ UM DIE ECKE

Souq al Qattanin

Von der Klagemauer sehen Sie die Rampe hoch zum islamischen Tempelberg. Falls Sie nicht hochgehen wollen oder die ziemlich reglementierten und sehr variablen Zugangszeiten (► S. 48) verpasst haben, gehen Sie zum Baumwollmarkt, dem **Souq al Qattanin** im nahen muslimischen Viertel. Dort endet das Gewölbe mit den vielen Läden an einem mächtigen Tor. Ist es geöffnet, was außer bei Unruhen der Fall ist, dann gehen Sie dorthin. Sie befinden sich auf dem Niveau des Tempelbergplateaus und können den Felsendom gut sehen. Durchgehen dürfen Sie hier allerdings nicht.

F FOTOS

Für Fotografen ist Israel ein Traum. In handfeste Schwierigkeiten gerät nur, wer am Shabbat an der Klagemauer oder im Jerusalemer Orthodoxenviertel Mea She'arim Aufnahmen machen will. Orthodoxen Juden ist es generell nicht angenehm, abgelichtet zu werden. Auch in Synagogen und Moscheen sind Fotografen nicht durchweg willkommen. Also: Wo das Tele keine Lösung bietet, lieber fragen!

7

Der Duft des Orients – **das muslimische Viertel**

Orientalischer wird's nicht mehr auf Ihrer Reise: Den nordöstlichen Teil der Altstadt nimmt das muslimische Viertel ein. Es ist das am dichtesten bevölkerte und mit 30 ha auch das größte Altstadtviertel. Am Damaskustor, dem direkten Zugang, duftet es nach Gewürzen. Mit Händlern feilscht man um Preise, hier wird in engen Gassen geschoben und gedrängelt.

Zeitvertreib auf Orientalisch: Backgammon und Wasserpfeife sind beliebt zum Entspannen.

Man glaube nicht, dass man jederzeit so mir nichts dir nichts durchs **Damaskustor** 1 (Damascus Gate) schlendern oder in Ruhe die metallbeschlagenen Holzportale des größten und schönsten Tors der Stadtmauer bestaunen kann. Gewöhnlich trägt und schiebt einen die Men-

schenmenge durch dieses Nadelöhr zwischen Neu- und Altstadt.

Willkommen in Klein-Arabien

In den Nischen verkaufen Händler Uhren, Gürtel, Sonnenbrillen, rechts geht es hinaus zum Kleidermarkt. Ein Taschenverkäufer ruft: »25 Shekel, die Fräulein, nur heute, 25!« Vor dem Tor preist eine blechern-krächzende Stimme Schokoriegel an: »Kitkat, hamsa be ashara!« (fünf Kitkat für zehn Shekel). Die Stimme kommt vom Band. Der Marktschreier hat sich selbst auf Kassette aufgenommen, lässt die Endlosschleife laufen, kassiert nur mehr und überreicht die Ware: »Auf Wiedersehen!«

Nach dem Tor lässt das Gedränge kaum nach. Junge Männer balancieren riesige Bretter mit Backwaren auf dem Kopf, Frauen schleppen schwere Tüten. Vom Platz, dominiert von Kleider-, Gemüse- und Obsthändlern, geht es rechter Hand ab in die Ladenstraße **Khan el Zeit Street,** die mit der nach links verlaufenden **Al Wad Street** und der **Via Dolorosa** ein Dreieck bildet.

Freie Marktwirtschaft

In den diversen, manchmal labyrinthartig anmutenden Basaren ist an vielen Stellen der barocke mameluckische Baustil bewahrt, wenn auch oft in beklagenswertem Zustand. Ursprünglich waren die Basare nach Warengruppen aufgeteilt: Die Trennung ist heute im Sinne freier Marktwirtschaft aufgeweicht. Ledertaschen sind drapiert neben Lammfleisch, Negligés neben Melonen, und mittendrin arbeitet ein Schuster auf einer über 70 Jahre alten Singer. Bei **Jaffar Sweets** 1, einem Kultbäcker am Beginn der Khan el Zeit Street, werden die köstlichsten honiggetränkten Süßigkeiten, z. B. *knafah* mit Pistazien, auf riesigen Backblechen angeboten. Die **Al Quds Grocery** 2 präsentiert ihre erlesenste Mischung als große Gewürzpyramide, gekrönt von einer Miniatur des Felsendoms.

Die Kräuterdoktoren

Im **Fleischer-Souq Lahamin** zerlegen Schlachter Tiere, deren Fleisch im Imbiss daneben auf Spieße gesteckt wird. **Butcher Mohamed Ali** 3 hat eine Wand seines Geschäfts mit alten Jerusalem-Fotos

Ü ÜBRIGENS

Bis zur Zeit der Kreuzfahrer war das Viertel von Juden bewohnt; erst ab dem 12. Jh. siedelte sich hier arabische Bevölkerung an. Im 13./14 Jh. bauten Mamelucken über der Klagemauer, die heute größtenteils unterirdisch verläuft, Häuser und Straßen. So unterquert man im Western Wall Tunnel (► S. 41) das islamische Viertel der Altstadt.

Der Geschmack des Orients: Auf dem Gewürzmarkt im arabischen Basar der Altstadt ist die Auswahl riesengroß.

STÄRKUNG MIT SHAWERMA

Gegrillt wird vor dem Imbiss, der Chef bereitet morgens das Hummus zu – hmm. Shawerma und frisches Grillhuhn serviert nahe dem Damaskustor das gemütliche **Al Nasser Restaurant** ❶ (55 Khan el Zeit St., 10–19 Uhr, ab 35 NIS). Das kleine **Friends Restaurant** ❷ (98 Bab al Silsila St., 8–21 Uhr, ab 30 NIS) ist einfach und es bietet zum Shawerma eine große Auswahl an Beilagen.

TEEREFUGIUM IM TRUBEL

Dem Gedränge der Khan el Zeit Street entfliehen Sie auf einen arabischen Tee mit frischer Minze – und das geht so: Links in den At-Takiyeh Ascent eingebogen, schon liegt nach wenigen Metern rechts der **Hebron Tea Room** ❸ (T 02 628 11 01, www.hebronhostel.wordpress.com, 7–24 Uhr), ein Gewölbe unter dem Hebron Hostel.

Cityplan: Karte 2, L/M 5 | **Tram:** Damascus Gate

Ü
ÜBRIGENS

Kellner sind auf **Trinkgeld** angewiesen. Viele arbeiten auf der Basis eines minimalen Fixums. Für unzulänglichen Service brauchen Sie sich aber nicht erkenntlich zu zeigen. Ansonsten gilt: ca. 10–12 % der Rechnungssumme. Vielerorts ist auf Rechnungen, entweder der Hinweis auf das Trinkgeld groß aufgedruckt oder ein Trinkgeld von 10–15 % wurde automatisch aufgeschlagen. Dieses Zwangstrinkgeld ist natürlich nicht verbindlich.

vollgehängt. Im **Kleider-Souq al Attarin** hängt arabische Mode, Geschäfte und Lager sind randvoll mit Stoffballen. Ähnlich ist das Angebot im früheren Gold- und Geschmeidemarkt **Souq Khawajat.**

Zwei interessante Läden liegen im Souq al Attarin nebeneinander: Der Gewürz- und Kräuterladen **Sea of Herbs** 4 (T 02 627 15 35, www.seaofherbs.com) ist bekannt für seine homöopathischen Hausmittel gegen alles – von Schnupfen bis Rheuma. Die Regale quellen über von Tees, Pulvern und Tinkturen aus Ingwer, Kardamom, Geraniumextrakt. Isaak und Jakob, die vollbärtigen Kräuterdoktoren, haben für jedes Zipperlein eine Lösung.

UM DIE ECKE

Blick aufs Tempelberg-Plateau

Am Ende des nahen **Souq al Qattanin,** des alten Baumwollmarkts, blicken Sie durch das Tor der Baumwollhändler (Cotton Merchants Gate) auf den Felsendom – der Durchgang ist hier nicht gestattet, immerhin aber ist es ein schönes Fotomotiv.

Wo Mohammed in den Himmel ritt – **auf dem Tempelberg**

#8

Bibel trifft Koran – und zwar genau an diesem Ort. Abraham wollte hier seinen Sohn Isaak opfern, Mohammed ritt in den Himmel hinauf, Jesus predigte im Tempel. Mit Felsendom und Al-Aqsa-Moschee – nach Mekka und Medina die drittheiligste Stätte des Islam – ist der Tempelberg den Muslimen ebenso heilig wie den Juden. Sie sind an der Wurzel des Nahostkonflikts angelangt …

Einzig durch das **Marokkotor** 1 (Bab el Maghariba, Morocco Gate) erreichen Sie den **Tempelberg** (Temple Mount, hebr.: Har HaMoriyya, arab. Haram el Sharif). An dieser Stelle sollte Abraham seinen Sohn als Opfer darbringen. Juden sind überzeugt, dass der Messias dereinst durch das heute zugemauerte **Goldene Tempelbergtor** (Bab el Zahabi, Golden Gate) Jerusalem betreten wird und Muslime glauben, dass sich hier am Jüngs-

Drei Mädchen auf dem Weg zu einer ganz besonderen Schule: Sie befindet sich in den Arkaden des Tempelbergplateaus.

INFOS/ÖFFNUNGSZEITEN

Tempelberg: Die Zeitfenster, um über die Rampe an der Klagemauer auf den Tempelberg zu gelangen: So–Do 7.30–11 (Winter 7.30–10), 13.30–14.30 (Winter 12.30–13.30) Uhr (Zeiten variabel; Info: Ihre Hotelrezeption oder die Old City Police T 02 622 62 50). Der Zugang wird zu Gebetszeiten, im Ramadan, bei Konflikten geschlossen. Laut Verfügung der islamischen Religionsbehörde (Waqf) sind Al-Aqsa und Felsendom für Nichtmuslime nicht zugänglich. Auf dem Tempelberg herrscht Rauchverbot.

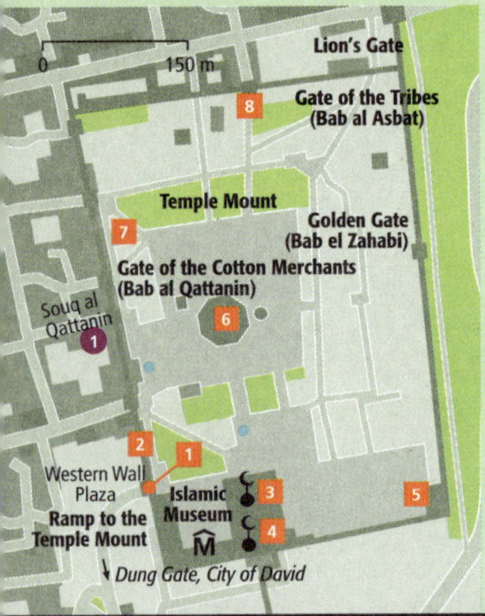

Cityplan: Karte 2, M 5/6

FRÜHZEITIG ANSTELLEN

Erst ein Metalldetektor, dann ein Taschenscanner – wegen des Andrangs von Reisegruppen steht man vor der Rampe womöglich sehr lange an. Tipp: Seien Sie kurz vor Öffnung da, das spart meist viel Wartezeit.

KLEIDERORDNUNG

Wächter, vom Ton her eher unfreundlich, mustern Sie beim Betreten des Plateaus. Tragen Sie kurze Hosen oder zu kurze Kleider, sind Schultern und Oberarme frei, dann zwingen sie Sie, für ein paar Shekel ein muffiges Tuch zu borgen und umzulegen.

TEE UND EINE WASSERPFEIFE

Wenn Sie nicht selbst Getränke oder Snacks mitgebracht haben – auf dem Tempelberg gibt es nichts zu kaufen. Erst wieder hinter dem Bab al Qattanin gibt's im **Abu Mousa Coffeeshop** ❶ Tee mit frischer Minze und Wasserpfeifen. Aber denken Sie dran: Wenn Sie durch's Tor gegangen sind, gibt es hier kein zurück aufs Plateau.

ten Tag Gut und Böse trennen. Jüdischer Überlieferung nach schien das Licht, als Gott die Welt schuf, zuerst über dem Tempelberg, der durch seine vielfältige Bedeutung im Zentrum des Nahostkonflikts steht.

Der Felsendom

Legionäre im Siegesrausch

Salomo erbaute hier etwa ab 960 v. Chr. den Ersten Tempel. Der Berg Moriah, eine Tempelbaustelle mit 160 000 Arbeitern, wurde mit einer Mauer umgeben. Innerhalb der Umfriedung lagen auch Palast und Harem. Die Wände des 50 m hohen Tempels, bestehend aus Vorhalle, Heiligem Raum und dem Allerheiligsten mit der Bundeslade, waren mit Zedernholz verkleidet. 587 v. Chr. stahl Nebukadnezar II. alles Wertvolle aus dem Tempel, zerstörte ihn und führte die Juden als Gefangene nach Babylon. Den Zweiten Tempel ließ Herodes der Große noch größer und prächtiger erbauen. »Über und über war der Tempel mit dicken Goldplatten umhüllt. Und wenn die Sonne aufging, dann gab er einen Glanz wie Feuer von sich«, schrieb der Chronist Flavius Josephus. Eine 1,5 km lange Mauer, innen als Arkadengang ausgeführt, fasste den Tempelbezirk ein, zu dem Nichtjuden der Zutritt unter Androhung der Todesstrafe verboten war. Das 50 m hohe Gebäude thronte auf einem über zwölf Stufen zugänglichen Podium. 70 n. Chr. brannten römische Legionäre im Siegesrausch den Tempel nieder; nur die westliche Mauer des Plateaus blieb erhalten – die **Klagemauer** 2.

Die fernste Moschee ganz nah

»Preis sei dem, der seinen Diener bei Nacht von der heiligen Moschee zur fernsten Moschee ... reisen ließ.« So beginnt Sure 17 des Koran über die Himmelsreise des Propheten, zu der ihn das Ross Al Buraq von Mekka hierher gebracht hatte. Die fernste Moschee, das ist die **Al-Aqsa-Moschee** 3 mit ihrer Silberkuppel. 715 ließ Kalif Walid eine Moschee errichten. Nach einem Erdbeben wurde sie ab 780 wieder aufgebaut, von den Kreuzrittern u. a. als Residenz genutzt, ehe Saladin sie 1187 wieder ihrer Bestimmung zuführte. Die 90 m lange und 60 m breite Moschee, die man – sofern zugänglich – ohne Schuhe durch das Hauptportal betritt, besteht aus einem Mittelschiff mit Säulen aus Carrara-Marmor und Arkaden, auf beiden Seiten flankiert von je drei Seitenschiffen. Die 18 m hohe Kuppel ruht auf acht Pfeilern. Besonders schön ist der mit Mosaiken verzierte Triumphbogen mit stilisierten Palmwedeln als Symbol für das Paradies.

Was tut sich da unter der Erde?

Außerhalb von Al-Aqsa liegen die **Frauenmoschee** 4 bzw. Weiße Moschee (White/Woman's Mosque) und die **Ställe Salomos** 5 (Salomon's Stables), in denen eine umstrittene, laut Jerusalems Stadtverwaltung illegale, riesige unterirdische Moschee entsteht. Mit König Salomo hat das Gewölbe allerdings nichts zu tun; nur die Tempelritter brachten hier ihre Pferde unter.

V
VERBOT

Strenggläubigen Juden ist der Besuch des Tempelbergs per Oberrabbinerbeschluss untersagt. Es könnte unwissentlich das verbotene Allerheiligste des zerstörten Tempels betreten werden. Ultras verstoßen immer öfter dagegen, um Besitzansprüche zu manifestieren, was wiederum die Muslime erzürnt.

Nicht-Muslimen ist der Zugang zur Al-Aqsa-Moschee verwehrt. Gläubige dagegen beten in der Moschee und ruhen sich in dem mit Teppich ausgelegten Gotteshaus aus.

Mit seiner Goldkuppel ist der Felsendom eines der Wahrzeichen Jerusalems. Die Kuppel bedecken matt glänzende gold-galvanisierte Platten, die der jordanische König Hussein erst 1993 anbringen ließ.

In der südwestlichen Ecke zeigt das 1923 eröffnete – derzeit geschlossene – **Islamische Museum** Koranmanuskripte, Münzen u. a. aus der Al-Aqsa-Moschee sowie das Kupfergitter aus dem Felsendom, mit dem Kreuzfahrer den Felsen umgaben.

Beginn der Himmelsreise

Über eine weite Freitreppe nähern Sie sich von Al-Aqsa kommend dem großartigen **Felsendom** 6 (Qubbet el Sachra, Dome of the Rock). 54 m misst die vergoldete, doppelschalig gearbeitete Kuppel mit Kupferdach (20,3 m Innendurchmesser), die auf einem Oktogon ruht, das mit farbigem Marmor und blauen, weißen und grünen Kacheln verkleidet ist. Durch 16 farbige, von Saladin gestiftete Glasfenster dringt gedämpftes Licht ins Innere. Omaijadenkalif Abdel Malik errichtete 688 bis 691 den Dom als Erinnerung an Mohammeds Himmelfahrt. Die vier Portale sind zu den Himmelsrichtungen ausgerichtet. Goldfarbene Arabesken, Mosaiken mit Blumenmustern und kunstvolle Kalligrafien von Koranzitaten schmücken das Innere. Bis zu 2 m ragt der 13 x 18 m große **Fels** aus dem Boden. Die goldene Kette, die von der Kuppel herabhängt, markiert das Zentrum der Welt.

Wessen Fußabdruck ist das?

In der Ecke links des Eingangs soll laut Überlieferung ein **Fußabdruck** von der Nachtreise des Propheten zu erkennen sein. An der Felskante befindet sich angeblich ein **Fingerabdruck** des Engels Gabriel, der Mohammed zur Himmelsreise hierher geleitet hatte. Unter dem Fels liegt eine natürliche Höhle, darunter die **Quelle der Seelen.** In ihr treffen sich nach islamischem Volksglauben die Seelen donnerstags und freitags zum Gebet.

Vor dem Verlassen des Tempelbergs streifen Sie – die Stille ist wunderbar –, durch den Park, dann an der westlichen Umfassungsmauer durch die Arkaden. Durch ein vergittertes Fenster, darüber im Stein die palästinensische und die jordanische Flagge sowie eine Krone, sehen Sie das **Grabmal** 7 des 1951 in der Al-Aqsa-Moschee ermordeten jordanischen Königs Abdallah I. Die Arkaden der nördlichen Umfassung sind vermauert. Unüberhörbar werden hier in neonbeleuchteten Klassenräumen die Schüler der 1958 gegründeten **Al-Aqsa-Religionsschule** 8 unterrichtet.

T
TOR

Keine Torschlusspanik! Es gibt für Nichtmuslime derzeit zwar nur ein Tor als Tempelbergzugang. Hinaus aber können Sie jedes der bewachten Tore benutzen. So führt im westlichen Arkadengang das **Tor der Baumwollhändler** (Bab al Qattanin, Gate of the Cotton Merchants) direkt in den Souq al Qattanin im muslimischen Viertel und in der nordöstlichen Ecke das **Tor der Stämme** (Bab al Asbat, Gate of the Tribes) zum Löwentor und zum Beginn der Via Dolorosa.

Paläste, Tunnel und Provokationen – **die Davidsstadt**

#9

Es ist ein politisches Minenfeld: Eine der großartigsten archäologischen Grabungen erstreckt sich wenige Minuten von der Klagemauer südöstlich des Misttors. Einst befand sich hier um einen Palast König Davids herum Jerusalems Oberstadt, ein Nobelviertel in Hügellage – was aber nicht alle für historisch belegbar halten.

Auf einer spannenden Tour erleben Sie den Ort, von dem aus König David vor über 3000 Jahren Jerusalem erobert und sein Reich aufgebaut haben soll, wo der Überlieferung nach König Salomo gekrönt und die Bücher der Bibel geschrieben worden sein sollen. Seien Sie sich darüber bewusst, dass die Davidsstadt (City of David) eine politisch höchst kontroverse Grabung darstellt, hinter der die umstrittene siedlernahe jüdische

Im arabischen Viertel Silwan, das an die Davidsstadt grenzt, fürchten die Bewohner, von jüdischen Siedlern verdrängt zu werden.

Organisation Elad steckt. Ob es tatsächlich eine Verbindung dieses Orts zu David gibt, ist alles andere als bewiesen.

Siedler nisten sich ein

Die arabische Bevölkerung des angrenzenden Viertels **Silwan** erlebt, dass hier Bibelarchäologie und der Aufbau eines wissenschaftlich ungesicherten Davidmythos zur schleichenden Enteignung instrumentalisiert werden, um für Israel Land zu okkupieren. Darüber sollte eigentlich erst ein Friedensvertrag entscheiden. Zufällig, sagen die Leute in Silwan, stürzten durch Grabungen auch immer wieder Wohnhäuser ein. Jüdische Siedler haben Häuser in Silwan besetzt und leben, von Militär bewacht, unter 40 000 Palästinensern. 2018 wurde nach jahrelangen Protesten und Gerichtsverfahren der Grundstein für das **Jewish Yemeni Heritage Center** gelegt.

Ü ÜBRIGENS

Vom **Drei-Täler-Aussichtpunkt** (Three-Valley Lookout) blicken Sie über Kidron-, Hinnom- und mittleres Tal. Die arabische Siedlung gegenüber ist Silwan. Allenfalls im Winter und Frühjahr führt der Kidron Wasser – gespeist wird er von Regenwasserbecken an den Hängen des Ölbergs und des Skopus. Ein Teil des Kidrontals ist der Blutacker, wie es im Matthäusevangelium heißt. Er wurde von den Hohepriestern mit den 30 Silberlingen Blutgeld des Judas gekauft.

Auf den Spuren von Davids Soldaten

Vom **Besucherzentrum** 1 am Eingang geht es über Treppen und Holzstege vorbei an Tausenden von Tonscherben durch das Gelände. Ein großer Steinbau zeigt zu Beginn in der Nähe des ›verbrannten Hauses‹ möglicherweise die Überreste von **Davids Palast.**

Sofern Sie nicht den Weg am Hang bevorzugen, wandern Sie dann über eine Treppe hinunter zur **Gihonquelle** 2 (hebr.: *gihon* – sprudeln), von der aus die Jebusiter einen Tunnel bis in die Stadt trieben, um auch im Kriegsfall nicht von der Quelle abgeschnitten zu sein. Durch diesen Tunnel konnten 1000 v. Chr. Davids Männer in die Stadt eindringen und die Tore für den Sturm öffnen. Dieser folgenreiche Fehler sollte sich nicht wiederholen. 300 Jahre später ließ König Hiskija (Hezekhia) einen zwischen 1,60 und 5,10 m hohen unterirdischen Zufluss in die Stadt bauen, der das Wasser direkt in den Shiloahteich, ein riesiges Wasserreservoir, transportierte. Zum Bau des Tunnels trieb man zeitgleich zwei Stollen aufeinander zu; man traf sich mit einer Höhendifferenz von nur 30 cm (am Hang markiert eine Steintafel diese Stelle).

Durchs Wasser waten

Der Besucher steht nun am Scheideweg: Trockenen Fußes brauchen sie durch den 120 m lan-

INFOS/ÖFFNUNGSZEITEN

Davidsstadt: T 077 996 67 26, www.cityofdavid.org.il, So–Do 8–19 (Winter 8–17), Fr 8–16 (Winter 8–14) Uhr, 29 NIS, Führung Davidsstadt bis Klagemauer 45 NIS, 3–4 Std. (Trocken-, Nass- oder Kurzroute). 3D-Vorführung (13 NIS), Lageplan, Souvenirs gibt es im Besucherzentrum. Vom Ausgang Shiloahteich fährt ein Shuttle-Bus (7 NIS) zum Eingang.

GUMMISTIEFEL EINPACKEN

Wenn Sie durch den **Shiloahtunnel** 4 waten wollen, brauchen Sie Gummistiefel oder Sandalen, die nass werden dürfen, außerdem eine Taschenlampe. Der Weg ist dunkel, eng und nur in eine Richtung begehbar und deshalb nicht geeignet für Kleinkinder, Schwangere, Menschen mit Klaustrophobie oder gesundheitlichen Problemen.

PROVIANT MITHEHMEN

Unterwegs gibt's in der Davidsstadt weder Getränke noch Snacks.

Nur am Eingang verkauft der **Kiosk** 1 Softdrinks usw.

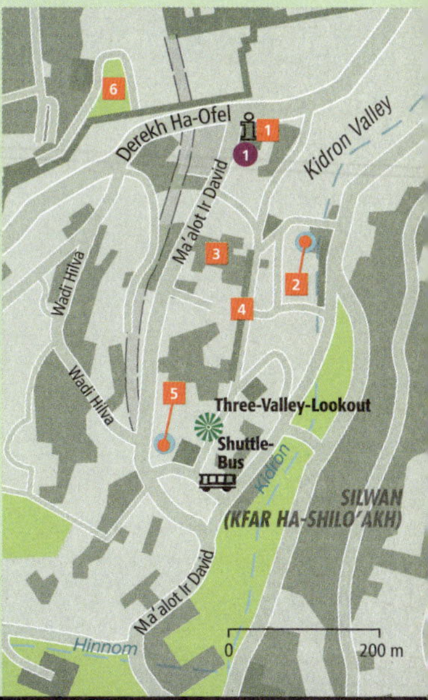

Cityplan: M 6/7

gen und engen **Canaanite Tunnel** 3 rund 10 Min. Durch den 533 m langen, mit Quellwasser gefluteten **Shiloahtunnel** 4 (Hezekhia's Tunnel) dauert es gut 45 Min. Dieser Weg endet am **Shiloahteich** 5. Hier heilte Jesus den Blindgeborenen, indem er ihm einen Brei aus feuchter Erde auf die Augen strich und ihn dann zum Waschen an den Teich Shiloah sandte (hebr.: *shiloah* – gesandt).

UM DIE ECKE

Beit Shalom Park 6

1974 sollte hier eine Straße erweitert werden und die hier wuchernde wilde Mülldeponie verschwinden – gefunden wurden in wenigen Metern Tiefe Reste, die auf den Ersten und Zweiten Tempel hindeuten. Der kleine archäologische Park schmiegt sich außerhalb an die Stadtmauer und eignet sich ganz gut für eine kurze Rast.

10

Christi Himmelfahrt – **Ölberg und Berg Skopus**

Auf dem Ölberg, wo heute der größte jüdische Friedhof der Welt liegt, wurde Jesus am Tag vor seiner Kreuzigung verhaftet und später ›aufgehoben gen Himmel‹. Nach dem Garten Gethsemane und der Kirche der Nationen geht es weiter zum Berg Skopus.

Frühaufsteher versammeln sich zum Sonnenaufgang am Ölberg.

Das **Seven Arches Hotel** 1 mit dem schönsten Ausblick auf Jerusalem krönt den **Ölberg** (Mount of Olives), der auch im Hebräischen nach den früher dicht stehenden Olivenhainen benannt ist: Har HaZeitim. Muslime wie Juden verorten hier im **Kidrontal** (Kidron Valley) das Josaphattal mit dem Weltgericht: Am Jüngsten Tag werden alle Menschen am Ölberg versammelt sein und

gegenüber auf dem Tempelplateau wird der Stuhl des Richters stehen. Zwei Brücken werden das Tal überspannen – eine aus Papier, eine aus Eisen. Nach dem Volksglauben wird die Eisenbrücke samt den Sündern darauf einstürzen, die Papierbrücke aber wird alle Guten in die Ewigkeit tragen. Um ganz sicher am Jüngsten Tag zur Stelle zu sein, lassen sich viele Juden auf einem **Friedhof am Ölberg** 1 (Jewish Cemetery) beisetzen, der größten jüdischen Grabanlage der Welt.

Am Ort des Judasverrats

An der tatsächlich existierenden Brücke über den (meist trockenen) Kidron liegt, dem Ölberg ganz nah, das **Mariengrab** 3 (Tomb of Virgin Mary) mit dem frühgotischen Portal. Die von Kreuzfahrern restaurierte Krypta in Form eines lateinischen Kreuzes gilt vielen als die letzte, tatsächlich aber nicht verbürgte Ruhestätte der Gottesmutter. Marmorstufen führen hinab zur Grabstätte. Eine Kreuzfahrerkirche darüber ließ Sultan Saladin 1187 schleifen, verschonte aber Marias Grab, weil Maria auch im Islam verehrt wird: als Auserwählte und Mutter eines Propheten. Wenige Schritte entfernt liegt die **Gethsemanegrotte,** Schauplatz des Judasverrats.

A und O

Die Fassade der großartigen **Kirche der Nationen** 4 (Church of all Nations) fällt sofort ins Auge. Das Gotteshaus liegt im **Garten Gethsemane,** einem durch hohe Mauern abgeschirmten Olivenhain, in dem sich Jesus mit den Jüngern zu treffen pflegte. Einige Ölbäume sollen noch aus dieser Zeit stammen. Ein schlichtes Holzschild markiert den Olivenbaum, den Papst Paul VI. 1964 pflanzte. Die Kirche selbst wurde zwischen 1919 und 1925 mit Spenden aus vielen Ländern erbaut. Hinreißend ist das Giebelmosaik vor allem abends, wenn es im Glanz der untergehenden Sonne strahlt. Es zeigt Jesus, der in der Mitte zwischen Gott (mit Alpha und Omega) und den Menschen steht. Unter dem Mosaik stellen die Statuen auf den vier Säulen die Evangelisten dar. Die Hirsche, die das Kreuz auf der Giebelspitze flankieren, versinnbildlichen Psalm 42, 2: »Wie der Hirsch lechzt nach frischem Wasser, so schreit meine Seele, Gott, zu dir.«

Ü ÜBRIGENS

Wer Wert auf gutes Fotolicht legt, beginnt morgens oben auf dem Ölberg. Der **Aussichtsplatz** 2 wird zudem zwischen 7 und 8 Uhr kaum von Touristenbussen heimgesucht!

▶ INFOS

Neben den großen Osterprozessionen rund um Grabeskirche und Via Dolorosa gibt es zwei außergewöhnlich schöne am Ölberg. Am Palmsonntag, also eine Woche vor Ostern, führt ein feierlicher Umzug die Gläubigen – in Erinnerung an den Einzug Jesu nach Jerusalem – vom Ölberg zum Löwentor. Die **Himmelfahrtskapelle** 8 am Ölberg ist an Christi Himmelfahrt Schauplatz einer anderen traditionsreichen Prozession. Einzig an diesem Donnerstag ist die Kapelle, die als Moschee heute in muslimischem Besitz ist, Christen für einen Gottesdienst zugänglich.

INFOS UND ANFAHRT

Mariengrab und Gethsemanegrotte 3: Jericho Rd., vom Löwentor kommend hinter der Kidronbrücke, tgl. 8–12, 14.30–17.30 Uhr
Kirche der Nationen 4: Jericho Rd., 8–12, 14–18 (Winter 14–17) Uhr
Maria-Magdalenen-Kirche 5: Di, Do 10–11.30 Uhr
Dominus-Flevit-Kirche 6: tgl. 8–12, 14.30–17 Uhr
Paternosterkirche 7: Mo–Sa 8.30–12, 14.30–16.30 Uhr
Kapelle und Moschee der Himmelfahrt 8: tgl. tagsüber
Botanischer Garten 11: T 02 588 25 96, www.botanic-garden.huji.ac.il, So–Do 8–17, Fr 8–13 Uhr
Anfahrt: Vor allem für den Abstecher zum Mt. Skopus tut ein Auto gute Dienste, besonders am verkehrsarmen Shabbat.

SNACKS UND KALTE DRINKS

Neben der Kirche der Nationen können Sie im kleinen **All Nations Café** 1 Softdrinks, Tee, Kaffee und Sandwiches bestellen. Oben auf dem Ölberg bieten fliegende Händler Getränke an. Eine Option ist auch das Restaurant des **Seven Arches Hotel** 1 (www.7arches.com) dessen Vorzüge weniger auf der Karte als im Ausblick zu suchen sind.

Cityplan: N/O 2–6

Die russisch-orthodoxe Magdalenen-Kirche

Zaren-Krypta

Schon von Weitem sieht man die sieben Zwiebeltürme der russisch-orthodoxen **Maria-Magdalenen-Kirche** 5 mit ihren vergoldeten Kuppeln und Kreuzen im Sonnenlicht gleißen. Zar Alexander III. widmete die barocke Kirche oberhalb des Gartens Gethsemane 1885 seiner Mutter. In der Krypta wurden Mitglieder der Zarenfamilie beigesetzt.

Die **Dominus-Flevit-Kirche** 6 (lat. der Herr weinte) wurde 1881 von Franziskanern oberhalb der Maria-Magdalenen-Kirche errichtet. Als Jesus am Palmsonntag den Ölberg hinunterritt, »sah er die Stadt und weinte über sie« (Lukas 19, 41).

Die 1875 geweihte **Paternosterkirche** 7 soll dort stehen, wo Jesus die Jünger das Vaterunser lehrte. Die Wände sind geschmückt mit dem Vaterunser in 44 Sprachen. Hier warnte Jesus seine Jünger auch vor »falschen Propheten«.

Ein geheimnisvoller Fußabdruck

Auf dem höchsten Punkt des Ölbergs (809 m) liegt die **Kapelle und Moschee der Himmelfahrt** 8 (Church of the Ascension). Die Anlage ist ein Beleg für muslimisch-christliche Übereinstimmung in der Einschätzung Jesu – zumindest was sein Prophetentum und die Himmelfahrt angeht, von der an diesem Platz ein Stein mit seinem Fußabdruck zurückblieb. Jesu Status als Sohn Gottes und den Kreuzigungstod erkennt der Islam aber nicht an. Um den versteinerten Fußabdruck errichteten Kreuzfahrer die Himmelfahrtskapelle. Saladin erklärte den christlichen Schrein im 12. Jh. zur Moschee.

Bibel-Botanik

Auf 819 m liegt die **Hebräische Universität** 10 (Hebrew University), 1925 als erste weltliche jüdische Hochschule gegründet. Zwischen dem Unabhängigkeitskrieg 1948 und dem Sechstagekrieg 1967 war der Berg eine israelische Enklave. Der Hochschulbetrieb ruhte und in der Neustadt musste die Neue Hebräische Universität (New Hebrew University, Givat Ram) eingerichtet werden. Nach 1967 wurde die ursprüngliche Hochschule hier am Berg Skopus erweitert. Zu ihr gehören heute ein Friedensforschungsinstitut sowie der 1931 begründete **Botanische Garten** 11 (Botanical Garden) mit reichlich biblischer, sprich in Thora und Talmud erwähnter Flora.

UM DIE ECKE

Moderne Alternative für Autofahrer

Geben sie zum Navigieren Martin Buber Street ein und Sie werden einmal um den Berg Skopus geführt, so auch zum **Tabachnikpark** 12 mit zwei Aussichtspunkten: der eine mit Blick auf den Tempelberg, der andere mit Blick auf die unbesiedelte, karge Seite des Bergs, wo der kanadische Jewish National Fund am Mount Scopus Forest ein Aufforstungsprogramm finanziert.

A AUSSICHT

Im Hebräischen heißt der **Berg Skopus** ›HaTsofim‹, was ›überblicken‹ im Sinne von schöner Aussicht bedeutet. Skopus ist die griechische Entsprechung in latinisierter Form. Vom Ölberg bieten sich zwei Wege dorthin an:
Eine der Aussicht wegen lohnende Wanderung führt Richtung Norden durch das Dorf El Tur zum Mount Scopus. Unterwegs passieren Sie die **Kirche Viri Galilaei** 9 – etwas links unten liegend –, das griechisch-orthodoxe Patriarchat sowie das Augusta-Victoria-Hospital, das 1898 von Kaiser Wilhelm II. gestiftet wurde.

11

Archäologie trifft Legende – **nördlich der Altstadt**

Ein wenig stiefmütterlich wird das Viertel Sheikh Jarrah, nördlich der Altstadt, von Touristen behandelt – zu Unrecht. Gleich am Damaskustor liegt außerhalb der Stadtmauer Zedekias Höhle, nicht weit entfernt finden Sie das Rockefellermuseum und das idyllische Gartengrab Jesu. Zuletzt stoßen Sie im American Colony Hotel auf die Spuren des Lawrence von Arabien.

Wo wurde Jesus hingerichtet? Manche Archäologen und viele Protestanten halten das Ostjerusalemer Gartengrab für den wahren Ort der Kreuzigung Jesu.

Vom lebhaften **Damaskustor,** auch zur Sultan Suleiman Street hin von Händlern belagert, erreichen Sie mit wenigen Schritten entlang der äußeren Stadtmauer in östliche Richtung **Zedekias Höhle** 1 (Zedekiah's Cave), auch **König Salomos Steinbruch** (Solomon's Quarries) genannt. 1854 zufällig entdeckt, ranken sich um diese bis weit unter das islamische Viertel der Altstadt verästel-

te Höhle zwei Geschichten. Die eine sagt, König Salomo habe an diesem Ort die Steine zur Errichtung des Ersten Tempels abgebaut. Die andere erzählt, hier habe sich Zedekia, der letzte judäische König, auf der Flucht nach Jericho versteckt, bevor er schließlich von den Babyloniern gefangen genommen wurde.

Spendabler Rockefeller

Folgt man der Suleiman Street – vorbei am Herodestor – bis fast an die nordöstliche Ecke der Stadtmauer, erhebt sich links das **Rockefellermuseum** 2, 1929 von John D. Rockefeller II. mit der damals fast unglaublichen Summe von 2 Mio. US-$ errichtet. Das festungsartige Gebäude beherbergt eine überschaubare, sehr schöne **archäologische Sammlung.**

Am Südoktogon startend, geht es in den Ausstellungshallen im Karree um einen Innenhof mit Sarkophagen und Statuen. Die Sammlung reicht von Steinzeitskelett samt Totenschädel über Steinwerkzeuge bis zu Funden aus den biblischen Städten Megiddo, Lakhish und Beit She'an (Fragmente der Sarkophage). Besonders sehenswert sind: der Südsaal mit seinen Holz- und Schnitzarbeiten aus der Al-Aqsa-Moschee sowie die Westgalerie mit Stuck- und Steinmetzarbeiten aus dem Hishampalast in Jericho, darunter Vogel-, Pferde- und Menschendarstellungen mit teilweise fratzenartigen Gesichtern. Wechselnde Ausstellungen ergänzen jeweils die Sammlung. Es geht an der Rashidiya-Schule zurück Richtung Damaskustor.

War Jesu Grab etwa hier?

Von der Sultan Suleiman Street führt die Nablus Road (Derekh Shekhem) in nördliche Richtung. Rechts abbiegen in die Conrad Schick Street, die nach dem 1901 verstorbenen deutschen Archäologen und Mitentdecker des **Gartengrabs** 3 (Garden Tomb) benannt ist. Er zählt auch zu den Miterbauern des jüdischen Viertels Mea She'arim. Der britische General Charles Gordon formulierte 1883 die Vermutung, dass der Ort der Kreuzigung (Golgata) nicht am Platz der heutigen Grabeskirche, sondern hier gelegen habe. Das Grab Jesu, dessen Echtheit umstritten ist, wird von vielen Protestanten als ihr Kalvarienberg verehrt.

Ungewöhnlicher Konzertort: Die Sängerin Nurit Galron tritt zusammen mit dem Pianisten Gil Shohat in Zedekiahs Höhle auf.

M
MILITÄR

Ob beim Shoppen oder im Café, in Israel sind sie überall zu sehen: Soldatinnen und Soldaten in Uniform und mit Gewehr. Der Aufbau der bewaffneten Streitkräfte (IDF) begann mit der Staatsgründung 1948. 170 000 Soldaten und 450 000 Reservisten gelten als Garant für die Souveränität und Unversehrtheit der Landesgrenzen. Das hat seinen Preis: Militärische Einrichtungen kosten viel Geld. Der Verteidigungshaushalt liegt bei jährlich ca. 13 Mrd. US-$ und wurde zuletzt gekürzt.

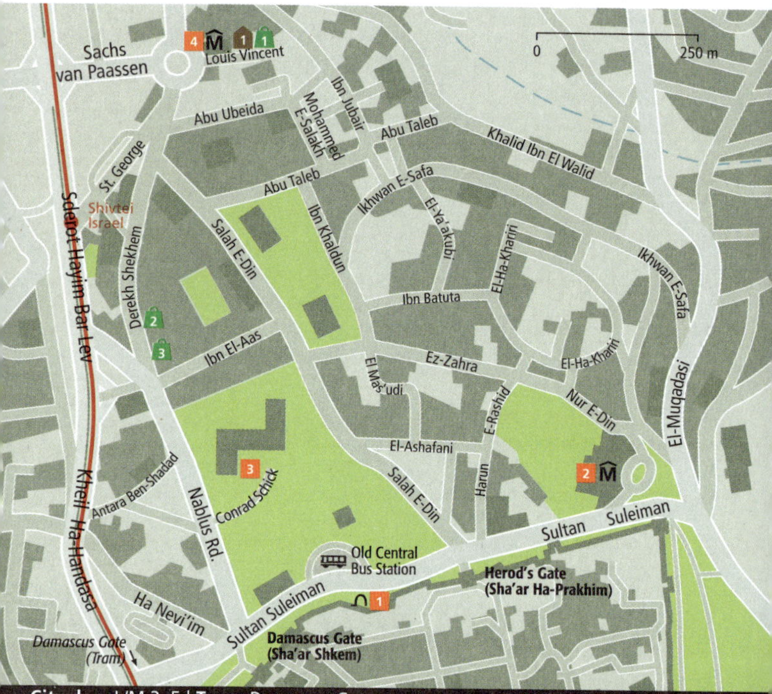

Cityplan: L/M 3–5 | **Tram:** Damascus Gate

INFOS/ÖFFNUNGSZEITEN

Zedekias Höhle 1: T 02 627 75 50, So–Do 9–16, im Sommer bis 17 Uhr, Eintritt 15 NIS
Rockefellermuseum 2: 27 Sultan Suleiman St., T 02 628 22 51, www.imjnet.org.il, So/Mo, Mi/Do 10–15, Sa 10–14 Uhr, Eintritt frei
Gartengrab 3: Conrad Schick St., T 02 539 81 00, www.gardentomb.com, Mo–Sa 8–18 Uhr, Eintritt frei, Spende von 10–20 NIS erbeten.
Dar el Tifel 4: T 02 628 32 51, Sa, Mo–Do 9–15 Uhr, www.dartifl.org

American Colony Hotel 1: Louis Vincent St., T 02 627 97 77, www.americancolony.com, DZ ab 1100 NIS, ► auch S. 89

TEE IM COLONY

Im herrlichen **American Colony Hotel** sollten Sie wenigstens auf ein Getränk und einen Snack einkehren (Restaurant Arabesque ► S. 92). Im zauberhaften Innenhof, von dem einige der schönsten Zimmer abgehen, lässt es sich herrlich sitzen. Der Service ist toll.

Hinter dem grünen Eisentor – links die Rezeption mit der Spendenbox (10–20 NIS sind üblich) – tut sich ein überwältigend schöner Garten mit Bänken und Pavillons auf. Am äußersten Ende überblickt man von der Aussichtsterrasse über einem Busbahnhof die **Schädelstätte** (Skull

Hill): einen Felsen, in dessen Form man einen Totenkopf mit Augen und Nasenpartie erkennt. Oberhalb des Gartengrabs selbst sitzen oft Pilgergruppen im Schatten und beten »Herr, das Licht deiner Liebe«. Das aus dem Fels gehauene Grab, dessen Entstehungszeit zwischen dem 1. und 4. Jh. liegt, betreten Sie durch ein niedriges Portal, an der Tür die Worte: »Er ist nicht hier, denn er ist auferstanden.«

Historische Fotos im Palm House

Die Nablus Road mit dem Ost-Jerusalemer YMCA führt nördlich nach einer Gabelung zur Louis Vincent Street, der Einfahrt ins **American Colony Hotel** 1. Winston Churchill, Graham Greene und Richard Geere sind drei der Promis, die in dem Haus mit Weltruf schon nächtigten. Hier erzählte T. E. Lawrence dem ihn begleitenden Kriegsreporter Lowell Thomas seine Geschichte als Lawrence von Arabien – der Beginn einer großartigen Legende. In Konflikten blieb das weder Arabern noch Juden gehörende Haus eine neutrale Oase; diese Tradition gilt bis heute, mittlerweile unter Schweizer Management. Aus der 2014 zugänglich gemachten Kollektion Zehntausender historischer Fotos sind im **Palm House** die schönsten Aufnahmen zu sehen. Sehenswert ist der **Buchladen** 1 von Munther Fahmi (► S. 99). Auf dem Hotelgelände liegt auch das **Palestinian Heritage Museum/Dar el Tifel** 4. In dem osmanischen Gebäude geht es um palästinensisches Design, traditionelle Kleidung und, multimedial unterstützt, um die jüngere Geschichte der Palästinenser.

UM DIE ECKE

Kunsthandwerk

Fair Trade für palästinensische Frauen: Die Sunbula-Kooperative verkauft im **House of Palestinian Crafts** 2 Kleidung, Schmuck, Stickereien usw., alles Produkte, die von Firmen auf der Westbank und im Gazastreifen stammen und insbesondere Frauen unterstützen (15 Nablus Rd., Sheikh Jarra, Mo–Do, Sa 12–18 und nach Vereinbarung, T 02 672 17 07, www.sunbula.org). In der **Palestinian Pottery/Armenian Ceramics** 3, einem exquisiten Keramikgeschäft, verkauft die Familie Balian seit 1922 handbemalte Teller, Vasen, Fliesen etc. (► S. 101).

Schöne Aussichten: Im Colony blickt man von seinem Zimmer in den begrünten Innenhof.

Ü ÜBRIGENS

Als Zumutung empfand Baron Plato Ustinov, Großvater von Sir Peter Ustinov, die schlichten osmanischen Gästehäuser. So beförderte er im Jahr 1902 die Gründung des **American Colony Hotel** 1 und verwöhnte Reisende bekamen eine Luxusherberge geboten, wie sie Jerusalem bis dahin nicht gekannt hatte.

12

Wo das moderne Leben tobt – **von Mahane Yehuda zur German Colony**

Ja, es gibt auch ein modernes Jerusalem. Sie erkunden es auf einer Tour vom einmaligen Mahane-Yehuda-Markt zum bezaubernden In-Viertel German Colony. Auf dem Weg liegen das legendäre King David Hotel, die malerische Montefiore-Windmühle – und jede Menge Geschäfte, Cafés und Restaurants. Wer schwächelt: Tram oder Taxi sind immer nah.

Die belebte **Jaffa Road** (Rehov Yafo): Wo einst eine hupende und stinkende Blechlawine die Stadt verstopfte, entstand im Zuge der Gleisführung für die Jerusalemer Tram (Light Rail) eine ausgedehnte Fußgängerzone. Etwa 1 km westlich des Zion Square (Kikar Tsiyon) findet man an der Jaffa Road – begrenzt von Agripas, Kirach und Ben Ya'akov Street – den pittoresken, nach dem 1887 gegründeten Viertel benannten **Maha-**

Die Cafés am Mahane-Yehuda-Markt sind von morgens an beliebte Treffpunkte.

ne-Yehuda-Markt 1. Im größten Markt Israels gibt's alles: Käse neben Kippas, Obst, Gemüse, Fisch, Fleisch, Gewürze in Bergen, Brot und Blumen und dazwischen kleine Cafés, Imbisse – einfach eintauchen, stöbern, treiben lassen!

Im russischen Viertel

Vom Markt geht es auf der Jaffa Road vorbei an Shops aller Art sowie zahlreichen Cafés und Restaurants stadteinwärts. Sie können auch zwei Stationen mit der Tram fahren bis Jaffa-Center. Zwei Blocks hinter dem Zion Square biegen Sie nach links in die Shne'or Kheshin Road ab, ins **Russische Viertel** (Russian Compound), eine der ersten größeren Anlagen, die um 1860 außerhalb der Altstadt errichtet wurden. Der Komplex, bestehend aus Hospizen und Gasthäusern für russische Pilger, wurde grundlegend umgestaltet.

An der prachtvollen russisch-orthodoxen **Dreifaltigkeitskathedrale** 1 (Trinity Church) vorbei gelangen Sie hinter dem **Gerichtshof** (Jerusalem Trial Court) zum **Museum für gefangene Untergrundkämpfer** 2 (Underground Prisoners Museum), einer bewegenden Gedenkstätte für die hier inhaftierten Widerstandskämpfer von Hagana, Etzel und Lechi während der britischen Mandatszeit (1917–48). Nicht ohne Frösteln geht man durch die Korridore, blickt in Zellen (Nr. 23 mit Fluchttunnel), sieht die Todeszellen (Nr. 52) und den Galgen.

Auf zur Gospelmesse

Gut zehn Gehminuten entfernt liegt an der King David Street (David HaMelekh) zwischen Galerien und Läden für Antiquitäten oder Judaika das **King David Hotel** 1 – eine der bekanntesten Nobelherbergen der Welt. Das massive Gebäude ist imposant, aber nicht annähernd so charmant wie das **YMCA Three Arches** 2 gegenüber. Diese 1933 erbaute Mischung aus Kreuzfahrerfestung und Münster wird dominiert vom 51 m hohen Turm (toller Ausblick) mit dem einzigen Glockenspiel im Nahen Osten. In der Kirche gibt es oft Gospelmessen. Auf der Terrasse des Restaurants lässt es sich sehr schön sitzen.

Kolonie der Künste

Liebevoll renoviert, findet sich nicht weit vom King David Hotel Richtung Jaffator die **Künst-**

Immer schön schräg: Neben Obst und Gemüse gibt's auf dem Mahane-Yehuda-Markt auch was zum Staunen.

Ü ÜBRIGENS

Bei einem Bombenanschlag auf das **King David Hotel** 1 kamen 1946 über 100 Zivilisten ums Leben: Dort hatten sich Teile der britischen Mandatsverwaltung einquartiert und auf sie hatte es die radikale Terrororganisation Irgun, geführt vom späteren Premier Menachem Begin, mit ihrem Anschlag abgesehen. Die Briten, von denen niemand umkam, bauten das Haus festungsgleich wieder auf.

INFOS/ÖFFNUNGSZEITEN

Mahane-Yehuda-Markt 1: So–Do 8–19, Fr 8–15 Uhr, www.machne.co.il
Dreifaltigkeitskathedrale 1: 11 Heleni HaMalka St., Do/Fr 9–13, Sa/So 9–12 Uhr
Museum für gefangene Untergrundkämpfer 2: 1 Mishol Hagevura St., T 02 623 31 66, So–Do 9–17 Uhr, Fr nach Anmeldung, Eintritt 20 NIS. Das Haus wird von Militärs verwaltet. Zu Beginn kurze Einführung und Film.
Hutzot Hayotzer 3: ► S. 102
King David Hotel 1: 23 King David St., T 02 620 88 88, www.danhotels.com, DZ ab 1650 NIS
YMCA Three Arches 2: ► S. 87
Scottish Guesthouse 3: ► S. 88

IM KAFFEEHIMMEL

In der kleinen **Coffee Mill** 1 (23 Emek Refa'im St., T 02 566 16 65, ab 25 NIS, So–Do 7.30–22, Fr –14, Sa 20–23 Uhr) steht man vor der Qual der Wahl – es gilt unter knapp 50 Kaffeesorten und -aromen (u. a. Irish Blend, Dark Papua, Organic Mexico, Sweet Tesoro) auszusuchen.

INSTITUTION MIT GARTENTERRASSE

Das **Caffit** 2 (36 Emek Refa'im St., T 563 52 84, So–Do 7.30–1, Fr 7.30 Uhr bis 1 Std. vor Shabbat, Sa 1 Std. nach Shabbat bis ca. 1.30 Uhr, ab 50 NIS) hat eine gewisse Promidichte und ganztägig eine riesige Salatauswahl. Draußen trifft man sich zu Kaffee und Kuchen oder zum Dinner.

Cityplan: H–K 4–7 | **Tram:** Mahane Yehuda Market, Davidka, Jaffa Center

lerkolonie Hutzot Hayotzer 3. Nach Süden führt die King David Street zu den beiden ersten jüdischen Vierteln, die Mitte des 19. Jh. außerhalb der Altstadt errichtet wurden: **Mishqenot Sha'annanim** und **Jemin Moshe.** Der britische Bankier Moshe Montefiore finanzierte ihre Gründung. In der ebenfalls von ihm gestifteten **Montefiore-Windmühle** 4 (Montefiore's Windmill) ist ein momentan geschlossenes Museum seinem Lebenswerk gewidmet. Völlig verstaubt steht im Pavillon die aus Fragmenten restaurierte Kutsche, mit der Montefiore sieben Mal ins Heilige Land reiste. Von 1948 bis 1967 verlief die Frontlinie zwischen Jordanien und Israel mitten durch die Windmühle.

Picknick mit Glocke

Im angrenzenden **Bloomfield Park** ist der 1989 von Deutschland gestiftete **Löwenbrunnen** 5 besonders bei Schulkindern beliebt, um im Wasser herumzutollen. Zum weiter südlich gelegenen **Liberty Bell Garden,** 1976 zum 200. Jahrestag der amerikanischen Unabhängigkeit eröffnet, gehört eine Kopie der Glocke von Philadelphia. In den Garten gehen die Jerusalemer gern zum Picknick.

Hier lässt es sich leben

Von der Kreuzung mit der Einfahrt zum wundervollen **St. Andrew's Scottish Guesthouse** 3 (Abstecher zum Hotel lohnt) folgen Sie der Emek Refa'im Street nach Süden und erreichen an der **Armenischen Kirche** 6 (Armenian Church) das Herz der **German Colony** (HaMoshava HaGermanit). Deutsche Templer kauften Arabern dieses Tal 1873 ab, gründeten die Siedlung und verschmolzen deutschen Hausbaustil sehr charmant mit Jerusalemer Steinbau.

Die Grundstücke sind dicht mit Bäumen bestanden. Von der Emek Refa'im gehen idyllische Wohnstraßen ab. Boutiquen, Galerien, Cafés, Restaurants und Bars, viele mit roten und grünen Markisen, säumen die Straße, an welcher links bei Hausnummer 39 versteckt hinter Mauern und grünen Toren der alte **Templerfriedhof** 7 (Cemetery of the Templar, Schlüssel fürs Tor bei T 02 563 77 37) und im Anschluss der **Alliance-Church-Friedhof** 8 (Alliance Church Cemetery, T 02 625 46 69) liegen. Letzterer wirkt zwar etwas ungepflegt, fällt aber durch die großflächigen bunten Bibeldarstellungen an der Innenmauer auf. Die Tour endet hier – auf zum Shopping oder in einen der schattigen Gastgärten.

UM DIE ECKE

The First Station

Kurz bevor Sie German Colony erreichen, liegt linker Hand der alte **Jerusalemer Bahnhof,** heute das Freizeit-, Kunst- und Kulturzentrum **The First Station** 9. Es ist sieben Tage die Woche, auch am Shabbat, geöffnet, bietet u. a. Kinderspielplätze, gute Restaurants, Cafés, Geschäfte, Kino, sowie Kunst-, Mode-, Designer- und Flohmärkte (4 David Remez St., tgl., Visitors Center T 02 648 03 34, 02 653 52 39, www.firststation.co.il).

Alljährlich zum 7. April legen Anti-Israel-Hacker von Anonymous israelische Websites lahm. Simuliert geht es darum am selben Tag auch in der First Station bei der Cyber (K)night, wenn Computerfreaks, aufgeteilt in Gute und Böse, um die Macht über eine virtuelle Stadt kämpfen.

 # 13

Im Schtetl der Ultras – **unterwegs in Mea She'arim**

Es sind die Haredim, die das Viertel der ultraorthodoxen Juden prägen. ›Die vor Gott zittern‹ bedeutet ihr Name. Mea She'arim hat wegen seiner Feindseligkeit gegenüber Fremden einen dubiosen Ruf. Der stimmt nur zum Teil: Besucher, die in diesem kompromisslos anachronistischen Schtetl nicht in Gruppen auftauchen und sich dezent verhalten, haben selten Probleme.

Die Gegend nördlich der Ha Nevi'im nennt sich **Mea She'arim,** der Name wird mit ›Hundert Tore‹ oder ›hundertfach‹ übersetzt und bezieht sich auf Isaaks Streit mit den Philistern (Genesis 26, 12): »Und Isaak säte in dem Lande und erntete in jenem Jahr hundertfältig; denn der Herr

Einmal im Jahr den Jeck rauslassen – Purim wird auch im ultraorthodoxen Schtetl so ausgelassen wie Karneval gefeiert. Sich zu betrinken, ist zu diesem Fest übrigens heilige Pflicht, der Alkohol muss nur koscher sein.

segnete ihn.« 1874 wurde das Viertel – damals vor den Toren der Stadt – nach dem Vorbild osteuropäischer Schtetl von orthodoxen Juden gegründet.

Buchhandlung mit Zensur

Die **Mea She'arim Street** 1 von der Kreuzung mit der Yeheskel Street nach Südosten gehend, bewegt man sich anfangs in einer lebhaften Geschäftsstraße. Von einigen Häusern prangen große Schilder. »Gruppen, die unser Viertel durchqueren, beleidigen ernsthaft die Einwohner. Stopp damit!« Oder: »Bitte gehen Sie nicht in unangemessener Kleidung durch unser Viertel!« Die **Buchhandlung Yefe-Nof Feldheim** 1 (Hausnr. 17) mit Israels größter Auswahl an Thoraliteratur lässt nach Angriffen ultraorthodoxer Vandalen ihr Sortiment zensieren. Als Gebrauchssprache hört man Jiddisch. Es ist für viele verpönt, im Alltag Hebräisch zu reden. Die heilige Sprache sei dem Gebet und dem religiösen Lernen vorbehalten.

Kinder mit Schläfenlocken

Das Straßenbild prägen züchtig gekleidete Frauen, Mädchen in knöchellangen Kleidchen. Frauen schleppen Einkaufstüten, tragen Perücken. Das Haar darunter ist bei den Haredim kurzgeschoren, denn der Talmud sagt: »Das Haar einer Frau weckt Begierde.« Wo es Schlangen gibt, stellt man sich getrennt nach Geschlechtern an. Die Männer, auch die Teenager, kleiden sich in Schwarz, tragen Hüte und Schläfenlocken, hasten zu den Gebetsschulen. Viele Männer beten und studieren, entrückt vom täglichen Leben, zwölf Stunden am Tag und länger. Auf zehn Männer kommt rechnerisch eine Synagoge. Die Bewältigung des Alltags samt Versorgung der Familie ist Frauensache.

Wandzeitung statt Internet

Auf Balkonen hängt Wäsche. In vielen Ecken häuft sich der Müll. Die Wände sind vollgeklebt mit *fakshvilim,* Plakaten mit Aufschriften wie »Töchter Israels! Kleidet euch züchtig«. Andere verdammen, dass ständig christliche Missionare versuchten, Bewohner zu ›retten‹. Die Ultraorthodoxen kommunizieren mittels Wandzeitung, wie im Schtetl des 19. Jh. Computer, Internet,

Männer gehen in Mea She'arim eigentlich nie zum Einkaufen – außer es geht um das Festessen für ein religiöses Fest wie Sukkot.

I
»ISRAEL – NEIN!«

Mea She'arim ist ein Monument des Anachronismus – aber auch der toleranten israelischen Gesellschaft, die für die hier lebenden Israel-Verweigerer Platz hat. Einige der Bewohner hissen zu israelischen Feiertagen schwarze Flaggen. Als Mea She'arim im Unabhängigkeitskrieg 1948 keine 100 m von der jordanisch-israelischen Front entfernt lag, gab es ernsthafte Überlegungen, die Seite zu wechseln und lieber in einem islamischen Staat als unter gottloser jüdischer Herrschaft zu leben.

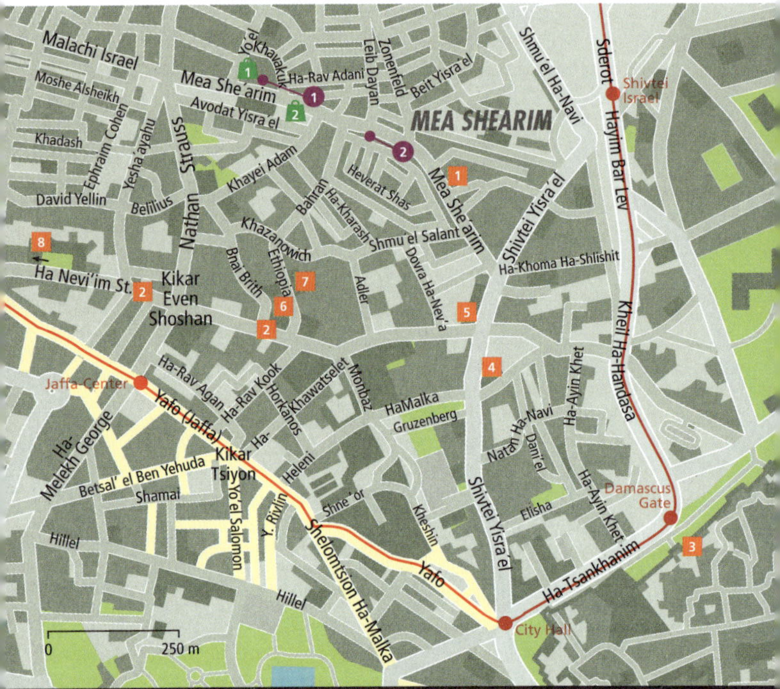

Cityplan: J/K 3–5 | **Tram:** Shivtei Israel, Jaffa-Center

INFOS/ÖFFNUNGSZEITEN

Samstags werden in Mea She'arim Fremde als unerwünschte Eindringlinge betrachtet. Vor Autoverkehr schützen dann Straßensperren.

Buchhandlung Yefe-Nof Feldheim 1: 17 Mea She'arim St.T 02 650 09 23, So–Do 9–19, Fr 9–14 Uhr

Olive Wood Factory 2: 26 Mea She'arim St., T 02 532 44 15, So–Do 10–16 Uhr

---

APPLE-KUGEL UND KNEIDEL

Die Mea She'arim Street geht stadtauswärts in die Malachi Israel Street über. Ein paar Schritte über die Kreuzung mit der Yeheskel Street und Sie werden sich ein wenig wie in New Yorks jüdischem Viertel Boro Park fühlen. Viele US-Immigranten leben hier, und in den Geschäften wird Englisch gesprochen. Die Gelegenheit ist gut, etwa im **Brooklyn Bake Shop** 1 (15 Mea She'arim St.) süße Kuchenspezialitäten wie Apple-Kugel zu probieren. Den leckeren Cholent, einen Shabbat-Eintopf, bekommen Sie im **Restaurant Deutsch** 2 (32 Mea She'arim St., So–Do 12–21, Fr 12–15 Uhr, ab 80 NIS), gut ist auch die ›Kneidel‹-(Knödel-)Suppe.

Smartphone, Fernsehen und Radio sind verpönt, offiziell zumindest. Am östlichen Ende der Mea She'arim Street wird die Straße eng, die Fassaden sind düster. Über dem Vorplatz einer Synagoge warnt ein Schild: »Frauen und Männer dürfen diesen Platz nicht als Paare betreten!«

Es gibt viele Geschäfte, Märkte, Ausstatter für die örtlich übliche Kleidung. Nahe der Stufen hoch zur Khayei Adam Street sticht **Olive Wood Factory** 2 hervor. Die Regale dieses Ladens mit seiner Werkstatt im Hinterhaus sind voll mit Vasen, kleinen Bechern, Kerzenhaltern, Schlüsselanhängern, Haarbürsten, Kamelfiguren. Gewiss, manches ist Kitsch.

Warten auf Gottes Lohn

So ist Mea She'arim eine kleine Theokratie, die keinerlei Toleranz gegenüber den Lebensformen des Gemeinwesens kennt, das für das Viertel letztlich aufkommen muss. Über die Hälfte der Bewohner lebt unter der Armutsgrenze, bezahlt keine Steuern, bezieht Sozialhilfe. Die Annahme des verhassten israelischen Passes verweigern sie ebenso wie die Teilnahme am politischen Leben: Man geht nicht wählen. Mea She'arim hat seine eigenen Gerichte. Die Polizei hat hier nichts zu melden. Das einzig gültige Gesetz ist die Thora. Gott, so glaubt man, wird so viel Treue dereinst belohnen, so wie er Isaak belohnte: hundertfach.

UM DIE ECKE

Bummel über die HaNevi'im Street 2
Vom **Damaskustor** 3 (Tram: Damaskustor) verläuft durch die Neustadt nördlich der Jaffa Road, die HaNevi'im Street. In der Architektur entlang des ›Boulevards der Propheten‹ spiegelt sich Jerusalems städtebauliche Entwicklung wider – beginnend Mitte des 19. Jh. mit der osmanisch geprägten ersten Ansiedelung von Juden und Christen, denen es in der übervölkerten Altstadt zu eng wurde. Von Ost nach West spazieren Sie an etlichen Sehenswürdigkeiten vorbei, u. a. an der anglikanischen **St.-Pauls-Kirche** 4 (19 Jh.), dem **Italienischen Hospital** 5 (heute Teil des Kultusministeriums) und dem **Eliezer-Ben-Yehuda-Haus** 6, des Schöpfers des modernen Hebräisch (1858–1922). Sehenswert ist die **Äthiopische Kirche** 7 in der kleinen Ethiopian Street. Zuletzt kommt der nach einem Mörser benannte **Davidka Square** 8 (Tram: Davidka), der im Krieg 1948 eine wichtige Artilleriestellung war.

S STRENG

Mea She'arims besonders strenge **Kleiderordnung** bedeutet für Besucher: Männer tragen lange Hosen und langärmlige Hemden; eine Kippa ist zu empfehlen. Frauen tragen einen langen Rock, langärmlige Oberbekleidung (ohne Dekolleté), nichts eng Anliegendes. Fotografieren Sie zurückhaltend! Und wenn Sie all das beachten – wundern Sie sich nicht, wenn Sie dennoch angepöbelt werden. So ist das hier.

Die Wandzeitung ist das Mittel der Wahl, wenn sich die Bewohner informieren wollen. Fernsehen und soziale Medien sind in Mea She'arim verpönt.

14

Publikumsmagnet Qumranrollen – **im Israelmuseum**

Der Schrein der Qumranrollen ist das Herzstück dieses großartigen und lebendigen Museums. Doch die Anlage als Ganzes ist ein Erlebnis: Glas- und Steinpavillons in ein großzügiges, an einem Hang in Terrassen aufsteigendes Gelände eingebettet. Das Museum zeigt Archäologisches, Ethnografisches, Judaika, klassische und moderne Kunst sowie ein beeindruckendes Freiluftmodell Jerusalems zur Zeit des Zweiten Tempels.

Im Israelmuseum, entworfen von Alfred Mansfield und Dora Gad, zuletzt erweitert und modernisiert vom New Yorker Architekten James Carpenter, besucht man zuerst den **Schrein des Buches** 1 (Shrine of the Book), der sich unter einer markanten, mit weißem Porzellan gedeckten Kuppel befindet. Ihre Form ist die jener Deckel, mit denen die mit Schriftrollen gefüllten Terrakottakrüge bedeckt waren, die 1947 in einer Höhle in Qumran am Toten Meer gefunden wurden.

Farbenspiel: Der Weg ist die Kunst in dieser Passage, die zwei Hallen des Israelmuseums verbindet.

Dieses weiße Dach steht im Kontrast zur schwarzen Mauer daneben. Der Gegensatz charakterisiert die Söhne des Lichts und der Dunkelheit, in die die Essener – die möglichen Verfasser der Rollen – die Welt nach ihrem apokalyptischen Verständnis eingeteilt hatten.

Wertvolle Pergamente

Der **Tunnel** **2**, durch den man sich dem Schrein nähert, zeigt Briefe von Bar Kochba, dem Führer des Aufstands gegen die Römer in den Jahren 132 bis 135, drei Briefe sind in Aramäisch, sechs in Nabatäisch und 26 in Griechisch abgefasst. Außerdem sind hier Dokumente ausgestellt, die Einblick in Rechtswesen, Wirtschaft und Landwirtschaft der Zeit erlauben. Einer der bereits erwähnten Qumrankrüge enthielt neben Münzen sieben Bibelpergamente, darunter das Buch Jesaja, das im Zentrum des ersten Untergeschosses des Qumranschreins ausgestellt ist.

55 Spalten, 66 Kapitel

Das Pergament, das rund um einen überdimensionalen Thorarollengriff präsentiert wird, ist das besterhaltene, größte und einzig vollständig überlieferte Buch der Bibel (55 Spalten, 66 Kapitel). Dem Text fehlt allerdings die uns vertraute klare Trennung der Abschnitte. An den Seitenwänden des Rundbaus sieht man eine Niederschrift des apokryphen Psalms 151, außerdem ein Pergament mit Buchstaben, die nur zwischen 0,5 und 0,7 mm groß sind, sowie das »Handbuch der Disziplin«. Es enthält Aufnahme- und Verhaltensregeln sowie mögliche Strafen dieser jüdischen Qumrangemeinschaft, die wie in einem Kloster »gemeinsam lebte, gemeinsam trank, gemeinsam betete«. Im Untergeschoss finden Sie Textilien, Sandalen, Tongefäße und Kultgegenstände aus den Höhlen.

Der thronende Nilgott

Vom Schrein gehen Sie zurück Richtung Eingangshalle, von dort aber nicht die Rampe hoch, stattdessen folgen Sie links von ihr der Ausschilderung ›via route of passage‹. Vorbei an Fragmenten (Bögen, Tore) von Synagogen Galiläas erreichen Sie rechter Hand die Halle mit dem langen Schwarz-Weiß-Korridor. An Wandteppiche

F
FRÜH

Pole Position für Frühstarter: Seien Sie gut 15 Min. vor Öffnung am Museum, ziehen Sie Ihre Tickets am Automaten und gehen schnurstracks zuerst zu den Qumranrollen, auch wenn der offizielle Weg anders verläuft. Sie haben damit eine gute Chance, die Hauptattraktion für eine Weile in aller Ruhe anzuschauen, ehe Sie von den Reisegruppen mit den unüberhörbaren Führern eingeholt werden.

Der Schrein des Buches mit den Qumran-Rollen ist der absolute Publikumsmagnet des Israelmuseums.

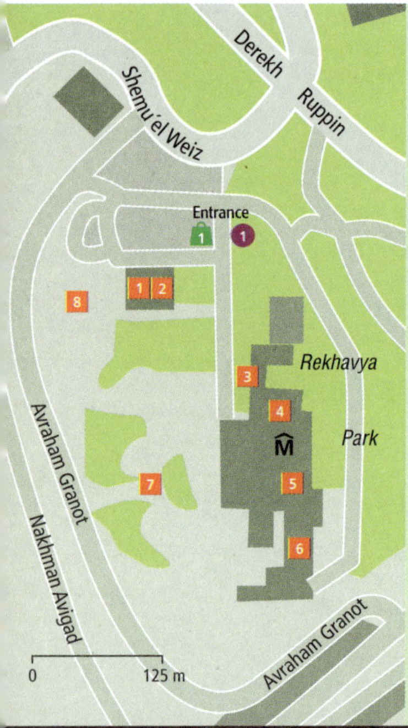

INFOS/ÖFFNUNGSZEITEN

Israelmuseum: Ruppin Blvd., T 02 670 88 11, www.imjnet.org.il, Sa–Mo, Mi/Do, Fei 10–17, Di 16–21, Fr u. vor Fei 10–14 Uhr, Eintritt 54 NIS, Tickets online und an Automaten, Audioführer gibt es kostenlos. Für den Besuch sollten Sie sich mindestens einen halben Tag Zeit nehmen.

CAFÉ UND STRUDEL

Das **Mansfeld Café** 1 (T 02 670 88 83) im Israelmuseum ist nicht der ruhigste Platz, bietet aber eine abwechslungsreiche Speisekarte. Es ist zu den Museumszeiten geöffnet, darüber hinaus dienstags ab 10 Uhr. Im schönen **Israel Museum Gift Shop** 1 werden Sammler sicherlich fündig. Entsprechend der Themen des Museums ist das Buchangebot zu Judaika, Archäologie, Architektur und Kunst umfassend. Groß ist auch die Auswahl an Reproduktionen von Postkarten- bis Postergröße.

Cityplan: F/G 6/7 | **Bus** 9, 9a, 17, 17a, 24, 24a: Israel Museum/Bible Lands Museum

erinnernd zeigen linker Hand in den Nischen drei herrliche **Großmosaike** 3 (6. Jh.) aus Beit Shean mythologische Motive: darunter ein thronender Nilgott, ein Fabelwesen aus Nilpferd und Krokodil, sowie Odysseus vor den Sirenen mit Wachs in den Ohren. Die Tatsache, dass diese ›heidnischen‹ Darstellungen ungewöhnlicherweise öffentliche jüdische Gebäude schmückten, ist ein Beleg für den im 6. Jh. noch mächtigen hellenistischen Einfluss.

Das Israelmuseum

Als Backgammon Senet hieß

Zu den sehenswerten Stücken in der **Archäologischen Abteilung** 4 gehören die prähistorischen Werkzeuge aus Feuerstein, dekorierte Schädel sowie eine 5500 Jahre alte Elfenbeinfigurine einer Schwangeren ohne Kopf. Aus der Zeit des Zweiten Tempels stammen das hervorragende Bodenmosaik einer Römischen Villa in Nablus und die farbigen, römisch-byzantinischen Glasvasen. Die islamische Kunst ist mit Bildern des

16. Jh. vertreten, aus Ägypten findet man verschiedene Skarabäen aus Schmucksteinen und ein Senetspiel, Vorläufer des Backgammons.

In der **Judaikaabteilung** 5 zählt zu den wichtigen Exponaten eine aus dem 4./5. Jh. stammende, bei Hebron entdeckte und zum Teil rekonstruierte Marmormenora, deren Mittelleuchter sechs Löwen in ihren Pranken halten. Großartig ist auch der 994-seitige Rothschildband (15. Jh.), ein wundervoll ausgestattetes Bibelpergament.

»Turning the World Upside Down« – mit dieser Skulptur ist der indisch-britische Bildhauer Sir Anish Kapoor im Freiluftbereich des Israelmuseum vertreten.

Einschusslöcher in der Wand

Die umfangreiche **Kunstsammlung** 6 zeigt u. a. Bilder von Lucas Cranach sowie Werke von Künstlern des 20. Jh. wie z. B. Paul Klee, Max Ernst, René Magritte, Francis Bacon, Pablo Picasso, Paul Gauguin und Marc Chagall. In den Abteilungen Video und Fotografie findet man neben Man Ray und Salvador Dalí unter »Israeli Art« z. B. Sharif Wakeds Sieben-Minuten-Video »Chic Point – Fashion for Israel Checkpoints«. In dieser bitteren Abrechnung mit der Praxis, dass sich Palästinenser zur Kontrolle an den Checkpoints vor aller Augen teils bis auf die Unterhose entkleiden müssen, treten Models mit passender Mode auf: bauchfreier Anzug, hinten offenes Hemd. An da Vincis Letztes Abendmahl erinnert Adi Nes' bis ins Kleinste inszenierte Bild von Soldaten an einer langen Tafel, rauchend, trinkend, Einschusslöcher in der Wand. Die verloren wirkenden Männer werden auf diese Weise als Apostel einer Ideologie und gleichzeitig als Opfer der geopolitischen Lage Israels gezeigt.

Open-Air-Kunst

Zeit für Frischluft: Im **Skulpturengarten** 7 (Billy Rose Sculpture Garden), gestiftet vom US-Impresario Billy Rose und gestaltet vom amerikanischen Bildhauer Isamu Noguchi, stehen über 50 Arbeiten, u. a. von Henry Moore, Auguste Rodin und Pablo Picasso. Gleich daneben findet sich im Maßstab 1:50 das aus Sandstein gearbeitete, detailreiche **Modell Jerusalems** 8 aus der Zeit des Zweiten Tempels. Der Nachbau, der die Stadt im Jahr 66 zeigt, als der Jüdische Krieg gegen die Römer begann, wurde anhand von Bibelquellen, Mischna, Talmud und Forschungsergebnissen moderner Archäologie rekonstruiert.

Ü
ÜBRIGENS

Selbst fahrende Fahrstühle? Kein Scherz! Am Shabbat soll man ruhen und nicht so viele Schritte tun. Selbst der Knopfdruck, mit dem man den Lift ruft, ist für Strenggläubige zu viel der Arbeit. Darum verkehren am Shabbat in vielen Hotels sogenannte **Shabbat Elevators,** Fahrstühle, die automatisch in jeder Etage anhalten. Auch Andersgläubige dürfen natürlich mitfahren.

15

Das Mahnmal des Holocaust – **Yad Vashem bewegt**

Auf dem Berg der Erinnerung, einem Ausläufer des Herzlbergs, liegt die berühmte Holocaustgedenkstätte Yad Vashem, Mahnmal und Dokumentationszentrum für die Opfer der Judenvernichtung. Sehenswert ist in der Nähe auch das Museum für Theodor Herzl, den geistigen Vater des modernen Israel.

Von der Tram-Haltestelle **Herzlberg** (Mount Herzl, Har Herzl) sind es ein paar Minuten zu Fuß. Der Blick reicht über ein tiefes grünes Tal hinweg ins moderne Jerusalem, wo weiße Hochhäuser an den Hängen kleben. Auf dem **Nationalen Ehrenfriedhof (Military Cemetry)** 1 am Herzlberg sind u. a. Golda Meir und der ermordete Yitzhak Rabin bestattet.

Der Todes-Schlot

Nahe dem Parkplatz am Eingang ist die Bewaldung dicht, mittendrin erhebt sich eine **Säule** 2 wie ein

Plakate, Originaldokumente, Repliken, Filme, Tagebuch- und Augenzeugenberichte dokumentieren in Yad Vashem Nazi-Propaganda, Judenverfolgung und Holocaust.

Kamin oder ein Schlot. Erst dicht davorstehend erkennt man auf der Säule Nummern, eine neben der anderen, Nummern von Auschwitzinsassen. Die Bildhauerin Elsa Pollak schuf dieses Denkmal.

Besucher aus aller Welt verharren in der **Halle der Erinnerung** 3, wo auch Israels Staatsgäste Kränze niederlegen. In der Mitte des dunklen Raums brennt in einem zerbrochenen Bronzekelch die Ewige Flamme, auf dem Boden sind Namen zu lesen: u. a. Mauthausen, Sobibór, Theresienstadt, Babi-Yar, Buchenwald, Dachau, Bergen-Belsen – die Namen der 22 größten Konzentrationslager.

»Goldberg, Ida, 27. 5. 1932, Schülerin«

Das **Historische Holocaustmuseum** 4, eine 180 m lange, durch den Berg getriebene Betonröhre mit neun Abteilungen zu Themen wie ›Jüdisches Leben vor dem Holocaust‹ oder ›Das Erstarken des Nationalsozialismus‹, durchläuft man im erzwungenen Zickzack. Videoinstallationen, Nazifahnen, Tagebücher, Kopfsteinpflaster aus dem Warschauer Ghetto, KZ-Mobiliar, Viehwaggons und vieles mehr versperren den direkten Weg, leiten in Nebenräume – und überall sprechen die Opfer aus Dokumenten oder ihrem ehemaligen Hab und Gut zum Besucher.

Da liegen Meldebücher, die zu Sterberegistern wurden: »Goldberg, Ida, 27. 5. 1932, Schülerin, ausg. 25. 2. 42 TR4/2«, ist zu lesen. »Ausg.« steht für deportiert.

Steven Spielbergs Geschenk

Neben einer rekonstruierten Nähstube mit Maschinen von Singer, mit Scheren, Stoffen und Schnittmustern, klebt ein Originalplakat, Bekanntmachung 426: »Juden des Ghettos! Besinnt euch!!! Meldet euch freiwillig zu den Transporten! Damit erleichtert ihr euch eure Anreise. Nur wer sich freiwillig meldet, hat die Sicherheit, mit der Familie zusammen zu fahren und das Gepäck mitzunehmen.« Chaim Rumkovsky, Unterzeichner des Aufrufs und jüdischer Bürgermeister des Ghettos Litzmannstadt, wurde später vorgeworfen, mit den Nationalsozialisten zu eng kooperiert zu haben. Auch das erfährt man.

In die Ausstellung integriert sind außerdem Videoaufnahmen, darunter 52 000 Interviews mit

E
ERINNERN

Die Idee zu der Gedenkstätte auf dem **Berg der Erinnerung** (Mount of Remembrance, Har HaZikkaron) stammt aus den Reihen der Kibbuzim, die sich nach dem Zweiten Weltkrieg für eine solche Einrichtung stark machten. Aber erst 1953 wurde von der Knesset das Yad-Vashem-Gesetz beschlossen und damit die 1957 eröffnete Körperschaft des öffentlichen Rechts begründet. Yad Vashem erinnert an die Ermordung von sechs Millionen Juden durch die Nationalsozialisten. Der Name geht auf das Bibelwort Jesaja 56, 5 zurück, in dem Gott spricht: »Denen will ich in meinem Hause und in meinen Mauern ein Denkmal und einen Namen geben. (...) Einen ewigen Namen will ich ihnen geben, der nicht vergehen soll.«

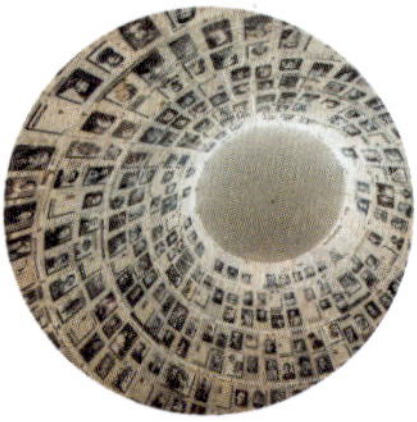

Eine Kuppel voller Fotos und Dokumente: Über 3,2 Mio. Namen wurden bisher in Yad Vashem gesammelt.

Überlebenden, die die US-amerikanische Shoah Foundation von Steven Spielberg, dem Regisseur von »Schindlers Liste«, dem Museum im Jahr 2008 vermacht hat.

Das Tal der Gemeinden

Die **Halle der Namen,** letzter Raum des Holocaustmuseums, ist ein runder Kuppelbau voller Porträts und zu verstehen als symbolischer Friedhof. In den Regalen lagern Bücher mit über 3,2 Mio. biografischen Gedenkblättern für die Toten der Schoah. Am Ende der Betonröhre erreicht man schließlich eine Terrasse. Erstmals ist der Himmel zu sehen, nach der Enge des Museums öffnet sich der Blick über Jerusalem. Das **Tal der Gemeinden** 5, ein 2,5 ha großes, aus Fels gehauenes Labyrinth, erinnert an die mehr als 5000 ausgelöschten jüdischen Gemeinden.

Gerechte unter den Völkern

Die bedrückendsten Erinnerungen hinterlassen zwei künstlerisch gestaltete Monumente: In der

INFOS/ÖFFNUNGSZEITEN

Yad Vashem: Mt. Herzl, So–Mi 8.30–17, Do bis 20, Fr bis 14 Uhr, T 02 644 34 00, www.yadvashem.org, Eintritt frei, Audioguides, kein Zutritt für Kinder unter zehn Jahren

Cafeteria 1: Fast schon eine (laute) Großkantine mit Snacks, Drinks und mittelmäßiger Speisekarte.

Nationaler Ehrenfriedhof 1:
So–Do Juni–Aug. 8–18.45, Sept.–Mai 8–16.45, Fr/vor Fei 8–13 Uhr

Cityplan: A/B 6/7 | **Tram:** Mount Herzl

Kindergedenkstätte 6 tastet man sich entlang einem Geländer durch eine nachtdunkle Halle. Aus dem Schwarz leuchten überlebensgroße Gesichter ermordeter Kinder, danach verliert sich der Blick in einem Meer von Lichtern – eines für jedes Kind. Aus dem Off spricht eine Stimme Namen.

Das andere Monument liegt unterhalb des Museums, die **Brücke nach Nirgendwo** 7 (s. Bild rechts). Unvollendet ragt sie ins Tal. Auf den abgeschnittenen Gleisen ein Viehwaggon der Deutschen Reichsbahn. An einer Innenwand steht in krakeliger Handschrift: »Ich bin Eve mit meinem Sohn Abel. Wenn Sie meinen anderen Sohn Cain, Sohn des Man, sehen, dann sagen sie ihm ...«.

An mehr als 23 000 Mutige, die wie Oskar Schindler (► S. 27) Juden gerettet haben, erinnern die **Allee der Gerechten** 8 und der **Garten der Gerechten** 9.

Auf der »Brücke nach Nirgendwo« erinnert ein Original-Viehwaggon an die Judenvernichtung durch die Nazis. In den Waggons wurden die Menschen deportiert – meist dem sicheren Tod entgegen.

Kunst des Holocaust

Zur weitläufigen Anlage von Yad Vashem gehören außerdem eine **Kunstsammlung** 10 mit Bildern aus der Zeit während und nach dem Holocaust, eine **Synagoge** 11, ein **Archiv** 12 mit mehr als 60 Mio. Dokumenten sowie ein **Dokumentations- und Holocaustforschungszentrum** 13, vor dessen Toren eine sechsarmige Menora den Platz prägt – je ein Arm für eine Million ermordeter Juden. Weitere Skulpturen, die den Holocaust zum Thema haben, sind über das gesamte Areal verteilt.

UM DIE ECKE

Vor den Toren Yad Vashems zeigt das **Herzlmuseum** 14 das originalgetreu wiederhergestellte Arbeitszimmer Theodor Herzls (1860–1904), stellt während eines Rundgangs Herzls zionistische Vision von der Heimstatt für die Juden vor. Diese Utopie setzte 1897 in Basel der 1. Zionistenkongress in ein politisches Programm um. In sein Tagebuch schrieb Herzl: »Fasse ich den Baseler Congress in ein Wort zusammen (...): Ich habe den Judenstaat gegründet.« (Mt. Herzl, So–Do 8.30–18, Fr 8.30–13 Uhr, T 02 632 15 15, www.herzl.org.il, Anmeldung obligatorisch, Eintritt 25 NIS. Audioguides, u. a. auf Deutsch, führen durch die Ausstellung).

► INFOS

In Zusammenarbeit mit Google hat Yad Vashem die größte Sammlung an Dokumenten zum Holocaust im Internet zugänglich gemacht. Über 130 000 Bilder der Schoah sind in originaler Auflösung bereits im Netz, Stichwortsuche inklusive: http://collections.yadvashem.org/photosarchive.

EINTRITTSKARTEN *in eine andere Welt …*

Neben dem Israelmuseum (▶ S. 70) gibt es in Jerusalem reichlich andere Museen, hier meine persönlichen Favoriten:

UND JETZT ENTSCHEIDEN SIE!

Isaac Kaplan Old Yishuv Court Museum
So–Do 10–17, Dez.–Febr. 10–15, Fr ganzjährig 10–13 Uhr
12 NIS
○ JA ○ NEIN

Wie lebten Ende des 19. Jh. die jüdischen Einwanderer aus Europa und dem Orient? Nach dem Besuch wissen Sie, das aschkenasische Haus vom Heim eines sephardischen Juden zu unterscheiden.
📖 L 6, www.oyc.co.il

Bible Lands Museum
So/Mo, Di, Do 9.30–17, Mi bis 21.30, Fr/Sa/vor Fei 10–14 Uhr, Fei geschl.
44 NIS
○ JA ○ NEIN

In der Nachbarschaft des Israelmuseums begegnen Sie einer Gottesanbeterin, Pharao Ramses II. und darüber hinaus viel biblischer Kunst im weitesten Sinne.
📖 F 6, www.blmj.org

Bloomfield-Wissenschaftsmuseum
Mo–Do 10–18, Fr 10–14, Sa 10–17 Uhr
60 NIS, Familien 220 NIS
○ JA ○ NEIN

Tausendundeine Frage zu Physik, der Erde im Allgemeinen, Wasser im Besonderen, dem menschlichen Gehirn und zu Albert Einstein – hier gibt es tausendundzwei Antworten dazu.
📖 F 5/6 www.mada.org.il

Fahrstuhl durch die Zeiten
So–Do 10–17.20, Fr 10–14 Uhr
54 NIS, Reservierung obligatorisch, T 02 624 83 81
○ JA ○ NEIN

Bequem im Kinosessel versunken, manchmal gut gerüttelt, reisen Sie in 3D vom Bau des Ersten Tempels durch die Epochen in die Moderne, eine alles andere als trockene Veranstaltung, in doppeltem Sinne …
📖 J/K5, www.time-elevator-jerusalem.co.il

Holocaustmuseum
So–Do 9–15.45, Fr 9–11 Uhr
Eintritt frei, eine Spende wird erwartet

Am Zion Gate dokumentiert die Ausstellung Nazipropaganda. Hab und Gut von Holocaustopfern erzählen die Geschichten seiner ermordeten Besitzer.
🕮 L 7

○ JA ○ NEIN

L.-A.-Mayer-Museum für Islamische Kunst
Mo–Mi 10–15, Do 10–19, Fr, Sa 10–14 Uhr
40 NIS

Mehr als 5000 Exponate, u. a. Manuskripte, Gebetsteppiche, Keramiken, Kaligrafien, lassen die Geschichte des islamischen Nahen Ostens vielfältig aufleben.
🕮 H 7, www.islamicart.co.il

○ JA ○ NEIN

Menachem-Begin-Museum und -Gedenkstätte
So/Mo, Mi/Do 9–16.30, Di –19, Fr –12.30 Uhr
Mit Reservierung, 25 NIS

Vom Untergrundkämpfer und Bombenattentäter zum Premier und Friedensnobelpreisträger – nahe dem Liberty Bell Park erfahren Sie alles über den großen Menachem Begin.
🕮 K 7, www.begincenter.org.il

○ JA ○ NEIN

Museum an der Nahtstelle
Mo, Mi/Do 10–17, Di 14–20, Fr 10–14 Uhr
30 NIS

Wo einst die Frontlinie verlief, wo Ost- und Westjerusalem aufeinandertreffen, geht's um Dialog und Koexistenz, auch wenn der Friede noch in weiter Ferne liegt.
🕮 K/L 4, www.mots.org.il

○ JA ○ NEIN

Siebenberg House-Museum
So–Do 10–16 Uhr
8 NIS, Führungen nach Vereinbarung, T 054 726 77 54

Im Beit-Hashoeva sehen Sie, was man so findet, wenn man, wie Theo Siebenberg, in der Altstadt einfach mal im Keller drauflos gräbt: nämlich zahlreiche Fundstücke aus drei Jahrtausenden.
🕮 Karte 2, M 6, www.siebenberghouse.com

○ JA ○ NEIN

Muße für Museen

Jerusalems Museen verdienen wirklich alle Aufmerksamkeit. Das breite Spektrum der Themen, die Einzigartigkeit vieler Exponate – bei einem einzelnen Aufenthalt in der Stadt wird man kaum alles ansehen können, was den Besuch verdient.

Nur noch wenige Museen und Sehenswürdigkeiten bieten geführte Touren an; der Audio Guide hat den Museums- und Fremdenführer aus Fleisch und Blut verdrängt – aber nicht vollends. Zugelassene ›Guides‹ (Sprachen: u. a. Deutsch, Englisch), durch die sich oft auch ein schöner menschlicher Kontakt ergibt und deren Wissen jeden Audioguide aussticht, gibt es über Gateway to Israel, T +972 54 465 37 62, www.israel-guides.net.

INFORMATIONEN

Öffnungszeiten und Tickets
Ein Wort zu den Museums-Öffnungszeiten. Sie sind in jedem Museum anders sind und ändern sich häufig, sei es, weil Reiseveranstalter Sonderkonditionen vereinbaren oder sei es, weil die Gewerkschaften für die Museumsangestellten einen früheren Dienstschluss an diesem oder jenen Tag aushandeln. Zudem gibt es diverse ›special opening hours‹ für Ferien, Feiertage und besondere Veranstaltungen. Ein Blick auf die jeweilige Website ist also angeraten.
Auch die Ticketpreise sind schwer zu durchschauen: Erwachsene, Kinder, Schüler, Studenten, Rentner, Soldaten, Familien, Menschen mit Handicap – manchmal ist der Normaltarif die Ausnahme. An bestimmten Tagen dürfen Kinder einige Museen kostenlos besuchen oder, wie im Falle von Yad Vashem, aus Jugendschutzgründen bis zu einem bestimmten Alter gar nicht hinein. Bei Online-Buchungen gibt es oft Rabatte, die man an der Museumskasse nicht bekommt. Und dann gibt es noch rabattierte Kombi-Tickets für mehrere Museen oder Events. Die Zitadelle (► S. 24) lässt sich mit dem Besuch des Night Spectacular (► S. 109) kombinieren, das Wohl Archaeological Museum (► S. 38) mit dem Burnt House (► S. 39).

Die Flagge der verhassten Besatzer: Im Underground Prisoners Museum wird der Widerstandskampf gegen die britischen Mandatsherren dokumentiert.

Jerusalem künstlerisch

Sehenswürdigkeiten ohne Ende. Wohin man sich in Jerusalem auch wendet – man stößt auf Kirchen und Gräber, ab und an auf Klöster, und wo nichts Sakrales das Interesse erweckt, gibt's Kunst am und im Bau, unter anderem von Chagall.

Meisterhand

Chagall-Fenster 🕮 westl. A 7
Im äußersten Südwesten Jerusalems, 3 km westlich von Yad Vashem, befindet sich eine der angesehensten Kliniken des Nahen Ostens, das zur Hebrew University gehörende Hadassah Medical Center. Berühmt wurde es in erster Linie durch seine Synagoge, deren zwölf Windows of Chagall zwischen 1960 und 1962 von dem jüdisch-orthodoxen Künstler Marc Chagall (1887–1985) entworfen wurden und die zwölf Stämme Israels zeigen. Nach dem Sechstagekrieg mussten vier der Fenster von Chagall erneuert werden, an dreien beließ er die Einschusslöcher als mahnende Erinnerung. Das Krankenhaus selbst genießt einen besonderen Ruf. Da es unabhängig vom Ansehen der Person sowohl jüdische als auch arabische Patienten versorgt, waren seine Ärzte im Jahr 2005 sogar für den Friedensnobelpreis nominiert.

Kiryat Hadassah, T 02 677 62 71, www.hadassah-med.com, Bus 19, 42: Hadassah Medical Center, So–Do 8.30–15.30 Uhr, 15 NIS

Meisterstück

Knesset 🕮 G 6
Vor dem Haupteingang des im Jahr 1966 eingeweihten israelischen Parlaments, der Knesset (Versammlung), steht eine 5 m hohe, mit Szenen der jüdischen Geschichte verzierte Bronzemenora des englischen Künstlers Benno Elkan, die vom britischen Parlament gestiftet wurde. Das Eingangstor gestaltete der Jerusalemer Künstler David Palombo, die Wandteppiche und das Bodenmosaik des Empfangsbereichs der 1985 verstorbene Marc Chagall. Für die Teilnahme an einer der kostenlosen Touren durch die Knesset muss man aus Sicherheitsgründen den Pass vorweisen. Auch eine Teilnahme an Knesset-Sitzungen ist möglich, den aktuellen Sitzungsplan kann man telefonisch erfragen. Dresscode beachten! Kein Zutritt in Shorts, Tank-Tops und bauchnabelfreien Shirts. Wer Politiker hautnah erleben will: Die Parlaments-Cafeteria ist für Besucher zugänglich.

HaKiryah, T 02 675 33 37, www.knesset.gov.il, Bus 7, 7A, 14, 35: Knesset, So, Do 8.30–14 Uhr, Führungen auf Englisch 8.30, 12, 14, auf Französisch 13, auf Deutsch 8.30 Uhr, Eintritt frei, Reservierung obligatorisch

Meisterklassen

Bezalel-Kunstakademie 🕮 östl. O 2
Einblick in die Talentschmiede: 1906 wurde südlich des Mahane-Yehuda-Markts die Bezalel School of Arts and Design, die erste israelische Kunstakademie, eröffnet. Zu den Bachelor-Studiengängen gehören u. a. Architektur, Keramik-, Glas-, Industriedesign, Fotografie und Geschichte. Workshop-Videos, teils in Englisch, findet man auf dem Youtube-Channel der Akademie. Derzeit entsteht am **Russian Compound** (🕮 H 5, 1 Bezalel St., T 02 625 31 21) ein Neubau nach dem Entwurf eines Kölner Architekturbüros, das die internationale Ausschreibung gewonnen hat. Bis zu dessen Fertigstellung 2022/23 befindet sich der Campus des angesehenen Instituts samt Kunstgalerie auf dem Gelände der Hebräischen Universität auf dem Berg Skopus.

Mount Scopus, T 02 589 33 33, www.bezalel.ac.il, Bus 4, 17, 19: Bezalel Academy of Art, So–Fr 10–13, 16–19, Sa 10–13 Uhr

Jerusalem sakral

Legenden und Lichtgestalten, Heilige und Helden. Wenn eine Stadt für drei große Weltreligionen ein bedeutender Schauplatz war und ist, dann finden sich an allen Ecken und Enden, manchmal auch etwas abgelegen, Gräber, Kirchen und Klöster – und genau da geht es hier hin.

Italienisch inspiriert

Salvatorkloster L 5

Im St. Saviour's Monastery (bis 1559 armenisch) residiert der Franziskanerorden, in dessen Obhut sich seit dem 14. Jh. die katholischen heiligen Stätten in Palästina befinden. Nahebei finden sich auch die orthodoxen sowie die koptischen Patriarchate der verschiedenen griechischen und äthiopischen Kirchen. Die reich geschmückte Kirche trägt die Handschrift eines italienischen Architekten. Weithin sichtbar ist der Glockenturm.

1 St. Francis St., Tel. 02 626 67 77, Bus 38: Jaffa Gate, Mo–Fr 9–17 Uhr

Modernes Kleinod

Stephanskirche N 5

Zwischen der Altstadt und dem Ölberg führt – vom Löwentor kommend im Kidrontal – der Weg zu dem griechisch-orthodoxen Kloster mit ungewöhnlichen Wand- und Kuppelfresken. Dieses moderne byzantinische Gotteshaus wurde 1968 fertiggestellt, an diesem Ort soll der erste christliche Märtyrer gesteinigt worden sein.

Jericho Rd., Bus 43: St. Stephen's, tgl. 8–12, 14–17 Uhr

Karfreitagsprozession auf der Via Dolorosa

Der Säulenheilige

Absaloms Grab N 6

Vom Tempelplateau bis zum Ölberg erstreckt sich das Josaphat-Tal, das ›Gott wird richten‹ genannte Tal wird nach jüdischem Glauben dereinst Schauplatz des Jüngsten Gerichts sein. Sehenswert sind die Gräber Absaloms, Josaphats und Beni Hesirs. Absalom, Sohn Davids, lehnte sich gegen den Vater auf und wurde schließlich vom Volk Israel lebend in eine Grube geworfen und mit Steinen bedeckt, wie 2. Samuel 18, 1–18 beschreibt: »Absalom aber hatte sich eine Säule aufgerichtet, als er noch lebte: Die steht im Königsgrund. Denn er sprach: ›Ich habe keinen Sohn, der meinen Namen lebendig erhält.‹ Und er nannte die Säule nach seinem Namen.« Sie heißt bis zum heutigen Tag Absaloms Mal. Es muss dort gewesen sein, wo sich seit römischer Zeit ein einzig wegen seiner Höhe von knapp 15 m beeindruckendes Steinmonument erhebt – der Unterbau in Würfelform, darauf eine kegelförmige Kuppel: Absalom's Tomb.

Dahinter findet man die in den Fels gehauenen Grabkammern des Josaphat (1./2. Jh. v. Chr.). Wiederum dahinter liegt das Grab des Beni Hesir in der Grotte einer hasmonäischen Priesterfamilie, wie den hebräischen Inschriften über den dorischen Säulen zu entneh-

Andächtig – das Abendgebet im Salvatorkloster der Franziskaner.

men ist. In den Grabkammern entdeckte man im 4. Jh. ein Skelett, das angeblich von keinem Geringeren als Jakobus, dem Cousin Jesu, stammen soll.

Jericho Rd., Nähe Ölberg, Bus 43: Mount of Olives, tagsüber zugänglich

Im Fels

Königsgräber 🕮 L 3

An der nördlichen Nablus Road mündet unweit des American Colony Hotel (► S. 89) die Salakh E-Din Street. Hinter einem Tor mit der Aufschrift ›Tombeaux des Rois‹ und einem Innenhof liegen nach ein paar Stufen abwärts die wegen ihrer Größe Tomb of the Kings (Kubur el Malak) genannten Gräber, deren Grabkammer einst ein Rollstein verschloss. Früher brachte man sie fälschlicherweise mit den Königen von Judäa in Verbindung, Heute weiß man, dass sie erst im 1. Jh. entstanden: Königin Helena von Adiabene in Mesopotamien, die in Jerusalem zum Judentum konvertierte, ließ die 30 Gräber für ihre Familie aus dem Fels schlagen. Ihr Sarkophag steht heute im Israelmuseum, die übrigen Sarkophage sind im Pariser Louvre zu finden.

Salakh E-Din St., Bus 27, Tram: Damascus Gate, Mo–Sa 8–12.30, 14–17 Uhr, 10 NIS

Ruhende Richter

Sanhedringräber 🕮 J 1

Nördlich der City findet man im ultraorthodoxen Stadtteil Sanhedria in einem kleinen Park die Sanhedrin Tombs oder, wie die Einheimischen sagen, die Gräber der Richter. Diese waren für die ewige Ruhe der Mitglieder des Sanhedrin bestimmt, des Obersten Gerichts, das bis zur Zerstörung des Zweiten Tempels 70 n. Chr. Recht sprach.

Shmu'el HaNavi St., Tram/Bus 16: Shimon Hatsadiq, So–Fr 9 Uhr bis Sonnenuntergang, Eintritt frei

Aus Lots Baum

Kreuzkloster 🕮 G 7

Für Christen ist dies ein ganz besonderer Ort: Im heutigen Rehaviapark soll einst der von Lot gepflanzte heilige Baum gestanden haben, aus dem das Kreuz Jesu gefertigt wurde. Das festungsgleiche griechisch-orthodoxe Kloster, eine weitläufige Anlage mit mittelalterlichem Gemäuer und einer hübschen, mit Ikonen geschmückten Kirche, geht auf eine Gründung aus dem 5. Jh. zurück.

Rehaviatal, T 054 520 22 81, www.biblewalks.com/Sites/CrossMonastery.html, Bus 14, 15, 32: Hazaz Blvd., Mo–Sa 10–16 Uhr, 15 NIS

Pause. Einfach mal abschalten

Oasen der Ruhe. Jerusalem hat mehr davon, als Sie denken, wenn Sie zu Beginn Ihrer Jerusalem-Reise in der historischen Altstadt unterwegs sind und rastlos von Sehenswürdigkeit zu Sehenswürdigkeit eilen. Also gemach, entspannen Sie im Grünen. Mit Kind, Kegel und internationalem Vogelgezwitscher.

Mit Arche Noah

Biblischer Zoo südl. E 8

Im Tisch Family Zoological Garden gibt es Biologie für Alttestamentler, es ist ein Tiergarten, wie ihn nur bibelfeste Naturwissenschaftler anlegen konnten: Alles, was hier kreucht und fleucht, wird schon in den fünf Büchern Mose erwähnt. Sofern die Tiere vom Aussterben bedroht sind, werden sie nach erfolgreicher Aufzucht wieder in ihre ursprünglichen Habitate ausgewildert. Durch die liebevoll gestaltete Anlage fährt eine Bimmelbahn, das Besucherzentrum ist im Nachbau der Arche Noah untergebracht. Besonders beliebt bei Kindern sind im Sommer die Nachttouren durch den Zoo.

1 HaAron Shuluv, nahe Malcha Mall, T 02 675 01 11, www.jerusalemzoo. org, Bus 26A, 33: Biblical Zoo, So–Do 9–18, Fr vor Fei 9–16.30, Sa/Fei 10–18 Uhr, 58 NIS

Schmetterlinge im Bau

Botanischer Garten F 6–8

Auf dem See tummeln sich Schwäne, auf dem Gelände gedeihen über 6000 Pflanzen, viele davon schon in Thora und Talmud erwähnt. Der Botanical Garden im Südwesten Jerusalems ist ein großartiger Park zum Anschauen und Ausruhen. Besonders sehenswert sind das Tropen- und das Schmetterlingshaus. Touren sind stdl. auch mit dem »Flower Train« möglich. Jährlicher Höhepunkt ist die Orchideenausstellung an Pessach.

Burla St., Givat-Ram-Campus der Hebrew University, T 02 679 40 12, www.botanic.co.il, Bus 99: Nayot/Botanical Garden, So–Do 9–17 (Sommer 9–19), Fr/vor Fei 9–15 (Sommer 9–17), Sa/Fei 9–17 (Sommer 9–18) Uhr, Tropenhaus (The F. Dworsky Tropical Conservatory) So–Do 10–15, Fr/Sa, Fei 10–14 Uhr, 35 NIS, Tickets für Sa und Fei müssen im Voraus gekauft werden

Es grünt so grün, wenn Israels Blüten blüh'n: Die Botanik ist üppig und vielfältig.

Bergdorf-Idyll

Ein Kerem westl. A 7

Die Bergwelt Judäas genießen, dafür ist ein Besuch im hübschen Ein Kerem (Quelle des Weinbergs) ideal. Der malerische Jerusalemer Ortsteil gilt als der biblische Ort, an dem Maria die Eltern von Johannes dem Täufer besuchte. An den Täufer und die Gottesmutter erinnern zwei Gotteshäuser: Die in der zweiten Hälfte des 19. Jh. erbaute Franziskanerkirche (Church of St. John the Baptist, Mo–Fr 8–12, 14.30–17.30, So 9–12 Uhr) wird wegen der Geburtsgrotte des Täufers viel besucht. Die ebenfalls franziskanische, 1955 fertig gestellte Kirche der Heimsuchung (Church of the Visitation, So–Fr 8–12, 14.30–17 Uhr) liegt nahe einer Marienquelle (Mary's Spring, 23 Haoren St., Mo–Fr 9–13, 14–17 Uhr), aus der Maria getrunken haben soll. Von hier bietet sich ein spektakulärer Blick über Judäa. Schön ist auch ein Gartenspaziergang im 1861 gegründeten Konvent Nôtre Dame de Zion (T 02 641 57 38, Mo–Fr 9–13, 14–17 Uhr), der als Gästehaus dient und einfache Zimmer bietet.

Ein Kerem, Bus 28, 50

Picknickzeit

Sacherpark G 5/6

Der Gan Sacher, wie er auf Hebräisch heißt, ist einer der größten Parks der Stadt, äußerst beliebt für Familienpicknicks und Fußballspiele, ausgestattet auch mit schönen Fahrradwegen.

Hazaz Blvd., Bus 24: Knesset

Immer am Gleis lang

Train Track Park K 8

Es ist der schmalste Park, den ich kenne, genau genommen ist es eine Promenade mit vereinzelten Park-Buchten. Der Train Track Park verläuft über ca. 6 km von First Station, dem alten Jerusalemer Bahnhof, durch ganz unterschiedliche Viertel, wie u. a. German Colony, Baka, Greek Colony (HaMoshava HaYevanit), Katoman, Talpiot in den Süden der Stadt, immer entlang der historischen Jaffa-Route. Für Biker und Fußgänger – nicht zu vergessen die Scharen keuchender Jogger – gibt es getrennte Wege. Bis die gepflanzten Bäume zum Picknick Schatten spenden, wird es noch eine Weile dauern. Vom Track aus können Sie, und das ist das wirkliche Erlebnis, in Abstechern die Viertel erkunden, wo Sie Cafés und Restaurants finden.

Bus 7, 30, 31, 71, 72, 74, 75: David Remez/ Khan; Bus 18, 34, 77: Liberty Bell Park

G GREEN MAP

Wo gibt es die ältesten Bäume, wo Pinien- und Eukalyptushaine? Wo kann man sich in Parks erholen, wo Amphibienhabitate finden oder Vögel beobachten? All das finden Sie auf der Website **www.greenmap.org.il** nicht nur thematisch und nach Stadtvierteln geordnet, sondern zusätzlich auf einer interaktiven Karte.

Unter Zugvögeln

Vogelbeobachtungs-zentrum G 5/6

Für Vogelbeobachtung ist Israel ein ideales Land und das Jerusalem Bird Observatory der optimale Platz in Jerusalem. Von März bis Mai und von September bis November lassen sich hier Zugvögel auf dem Weg von Europa nach Afrika bzw. retour nieder. Ohne zu stören, können Sie sie von einem Unterstand aus beobachten. In der Beringungsstation sehen Sie JBO-Mitarbeiter bei der Arbeit.

Sacher Park, westliches Areal zwischen Knesset und Supreme Court, T 02 653 73 74, www.natureisrael.org/JBO, Bus 24: Knesset, So–Do 9–15 Uhr, Eintritt frei

Schön dornig

Wohl-Rosengarten F/G 5

Den Wohl Rose Garden zieren auf rund 19 ha 15 000 Rosenstöcke und 400 Sorten – etwas für Fans der Rosaceae. Für die anderen gilt im allerweitesten Sinne Gertrude Steins: »Eine Rose ist eine Rose ist eine Rose ...«

Zwischen Knesset und Supreme Court, Bus 24, 99: Knesset, tagsüber geöffnet

ANDERS WOHNEN

Ferienwohnungen
Neben Airbnb vermitteln mehrere Agenturen, u. a. Alon Central, T 077 403 06 76, www.aloncentral.com; Colony Suites, T 02 563 92 74, www.colonysuites.com.

Logis mit Familienanschluss
Bett und Frühstück mit ein wenig Familienanschluss – es gibt die klassischen Pensionen noch. Im Internet: www.b-and-b.co.il, www.zimmeril.com.

Christliche Hospize
Zahlreiche Konfessionen unterhalten ihre eigenen Wohnheime, die man sich aber nicht als Luxusherbergen vorstellen darf. Dafür sind die Übernachtungspreise niedrig. Während der hohen christlichen Feste sind die Häuser meist schon lange im Voraus ausgebucht.

Schlaf-Wandel

Viele Jahrhunderte lang legten Jerusalembesucher, vorwiegend Pilger, ihr müdes Haupt auf das Strohkissen eines harten Matratzenlagers. Dass sich so mancher Herbergsvater angesichts der von religiösen Hochfesten gleichsam göttlich vorbestimmten Hochsaisonen um die Qualität des Wohnens nicht so schert, ist bis heute zu spüren. Gerade in mittleren und unteren Preisebenen klafft zwischen den Preisen und dem gebotenen Standard (auch Sauberkeit und Service) eine große Lücke.

Glücklicherweise ist Wandel zu vermelden. Mehr und mehr Hoteliers entdecken, dass der Gast heutzutage wählerisch ist. Das mag an Konkurrenz wie Airbnb liegen, an der Fragilität des Jerusalemer Tourismus durch den schwelenden politischen Konflikt im Land. Es ist aber sicher auch marktorientierten (Startup-) Unternehmen zu verdanken, dass sich eine Reihe guter Boutiquehotel etabliert hat, und auch manches christliche Hospiz ist zu empfehlen. Wobei … die eine oder andere Unterkunft ist gerade so reizvoll, weil die Räume Geschichte atmen, eine Patina die Wände überzieht und die Dielenböden knarzen. Das ist dann die Welt für unerschütterliche Nostalgiker.

Günstig buchen können Sie u. a. über www.expedia.de, www.hotels.com, www.hrs.de, www.swoodoo.de und www.trivago.de.

Apropos Preise: Die Angaben hier im Buch dienen als Richtwert. In Zeiten des Internets und Onlinemarketings sind Hotelpreise so volatil wie Börsenkurse.

In der Lobby des YMCA Three Arches

Die gute alte Zeit

Villa Ba'Moshava südl. J 8

Das hübsche, in einem alten Templer-Gebäude eröffnete Boutique-Hotel im In-Viertel German Colony setzt nicht auf unterkühltes und minimalistisches Design. Hier wohnen Sie, was die Einrichtung angeht, wie früher das gehobene Bürgertum: gutbürgerlich, gediegen und sehr gemütlich. Das Personal ist sehr hilfsbereit bei der Planung von Touren und Trips.

13 Yehoshua Ben Nun St., T 02 54 230 00, www.brownhotels.com/moshava, Bus 34, 49, 77: Emek Refa'im/Uziah, DZ ab 550 NIS

Schicker Newcomer

Arthur Boutique Hotel Karte 2, J 5

Unter den interessanten Neugründungen in Jerusalem hat sich dieses Boutique-Hotel im Fußgängerzonenbereich des Stadtzentrums in kurzer Zeit einen vorderen Platz erobert. Etliche Zimmer, jedes ist anders gestaltet, haben Balkone. Das Personal ist hilfsbereit bei der Planung von Trips, das Frühstück ungewöhnlich abwechslungsreich. Als Gästetreff hat sich die kostenlose Happy Hour mit Wein, Snacks und Salaten etabliert. Parkmöglichkeiten gibt es im nahegelegenen Harmony Hotel (s. u.). Hotelgäste können sich hier kostenlos Fahrräder leihen.

13 Dorot Rishonim St., T 02 623 99 99, www.atlas.co.il, Tram: Jaffa Center, DZ ab 900 NIS

Wir sind Kaiser

East New Imperial Karte 2, L 6

Das Imperial blickt auf eine über 120-jährige Geschichte zurück und zählt zu den ältesten Hotels im Heiligen Land – wenn auch vielleicht nicht zu den saubersten. 1898 übernachtete hier Kaiser Wilhelm II. Vom Eingang sollte man sich nicht irritieren lassen! Der größere Teil des Hotels ist renoviert, und der Gast findet sich in einem historischen Haus wieder mit wechselnden Bilderausstellungen rund um Lobby, Restaurant, Bar und Internet-Café. Die Dachterrasse bietet einen tollen Ausblick.

Jaffa Gate, T 02 628 22 61, www.newimperial.com, Bus 38: Jaffa Gate, DZ ab 390 NIS

Mit Happy Hour

Harmony Hotel Karte 2, J 5

Zentral im quirligen Ausgehviertel Nahalat Shiva gelegen, zählt das schicke und klimatisierte Boutique-Hotel (auf den Zimmern Sessel mit Blumen- und Zebramuster, Kaminfeuer im Club) zu den beliebteren neuen Häusern in der Stadt. Die Zimmer sind eher klein, bei leichtem Schlaf schläft man wegen der Nähe zu Cafés und Bars bevorzugt bei geschlossenen Fenstern. Das Pesonal ist nett, das Frühstück abwechslungsreich. Eine hervorragende Gelegenheit, um mit anderen Reisenden ins Gespräch zu kommen, ist die tägliche ›complimentary happy hour‹ für Hotelgäste; außerdam kann man sich auch Fahrräder ausleihen.

6 Yoel Moshe Salomon St., T 02 621 99 99, www.atlas.co.il, Tram: Jaffa-Center, DZ ab 850 NIS

Bezaubernde Atmosphäre

YMCA Three Arches Karte 2, K 6

Viele laufen drüber, ohne es zu beachten: Schmuckstück der prächtigen YMCA-Lobby ist am Eingang eine originalgetreue Kopie des berühmten Palästinamosaiks. Diese älteste erhaltene Karte des Heiligen Landes aus der Georgskirche in Madaba (Jordanien) wird im Original auf das 6. Jh. datiert. Auch der Schlüsselkasten an der Rezeption des YMCA ist schon herrlich antik. Um hier unterzukommen, müssen Sie weder jung noch Mitglied des YMCA sein. Die Zimmer sind zwar nicht riesig, sie sollten auch längst neu möbliert werden, das Frühstück aber ist reichhaltig. Das Gebäude, mehr eine Kreuzfahrerkathedrale, verströmt ein charmantes Flair. Sie wohnen mit Blick auf das gegenüber liegende King David Hotel oder nach hinten mit Blick auf einen Park und die moderne Stadt. Zu Fuß ist man ebenso schnell in der Alt- wie in der Neustadt. Hotelgäste können im Nebengebäude olympischen Pool und Sportstudio nutzen.

26 King David St., T 02 569 26 92, www.ymca3arches.com, Bus 102, 105, 106, 107: King David St., DZ ab 550 NIS

Mittendrin im Geschehen
Österreichisches Hospiz
Karte 2, L 5
Seit über 150 Jahren beherbergt das Austrian Hospice Reisende, und das mit einer guten Portion K.u.k.-Flair, schönem Garten und aufmerksamem Personal. Direkt an der Via Dolorosa gelegen, ist das Hospiz in der lauten Altstadt überraschenderweise eine Oase der Ruhe, die man allerdings kaum mit dem Auto erreicht. Von der Dachterrasse des 1857 gegründeten Hauses, das zeitweise als Österreichs Palästinakonsulat diente, hat man einen fantastischen Ausblick.
37 Via Dolorosa, T 02 626 58 00, www.austrianhospice.com, Bus 38: Jaffa Gate, Tram: Damascus Gate, DZ ab 620 NIS

Nettes Hospiz
Casa Nova Jerusalem
Karte 2, L 5
Das den Franziskanern gehörende Gebäude in der Altstadt nördlich vom Jaffator verströmt in seiner Schlichtheit Klosterflair. Die Zimmer sind sauber, die Verpflegung ist prima. In der Lobby kommt man rasch mit anderen Gästen, meist Pilgern, ins Plauschen.
Casa Nova Rd., New Gate, T 02 628 27 91, www.custodia.org, Bus 38: Jaffa Gate, Tram: Damascus Gate, DZ ab 150 NIS

Ruhige Terrasse
Christ Church Guest House
Karte 2, L 6
Angenehme Zimmer, dazu vor der Kirche des evangelischen Hospizes eine ruhige Terrasse, auf der man unter der Pergola Kaffee oder Tee genießt. Die Lage am Jaffa Gate gegenüber der Zitadelle ist optimal für Spaziergänge in die Altstadt.
Jaffa Gate, 55 Armenian Patriarchate St., T 02 627 77 27, www.cmj-israel.org, Bus 38: Jaffa Gate, DZ ab 585 NIS

Top-Hospiz
Lutheran Guesthouse Karte 2, L 6
Das Gästehaus des Propstes liegt im Herzen in der Altstadt am Schnittpunkt von armenischem, christlichem, jüdischem und muslimischem Viertel. Das 1860 vom Königlichen Baurat in Jerusalem, Dr. Conrad Schick, auf Ruinen aus der Kreuzfahrerzeit errichtete Bauwerk diente zunächst als Wohnhaus. Der Johanniterorden nutzte es ab 1948 als Augenklinik, bevor es 1964 die Evangelische Jerusalem-Stiftung erwarb und seither als Gästehaus betreibt. Es ist eines der komfortabelsten Hospize Jerusalems! Der Blick von hier auf den Felsendom ist spektakulär.
7 Saint Mark Rd., T 02 626 68 88, www.luth-guesthouse-jerusalem.com, Bus 38: Jaffa Gate, Tram: Damascus Gate, DZ ab 320 NIS

Mit Castle-Flair
St. Andrew's Scottish Guesthouse
K 7
Auf dem Kirchturm weht die schottische Flagge, drinnen treffen sich Gäste am Kamin. Ein wenig erinnert das Hospiz an ein schottisches Castle. Die Zimmer sind einfach, aber sehr gemütlich. Spektakulär ist der freie und ungetrübte Terrassenblick auf die Altstadt. An der Qualität des Essens gilt es noch zu arbeiten, zum Glück liegen in der Nähe das In-Viertel German Colony (► S. 62) und das Kulturzentrum First Station (► S. 65) mit reichlich Gastronomie.
1 David Remez St., T 02 673 24 01, www.scotsguesthouse.com, Bus 72: David Remez, DZ ab 580 NIS

Nicht weit zur Altstadt
Dan Boutique Hotel K 8
Dieses Boutique-Hotel ist wirklich zu empfehlen. Die Zimmer sind alle unterschiedlich gestaltet. Achten Sie darauf, kein Zimmer zur viel befahrenen Hebron Road zu bekommen. Versagt hat der Innenarchitekt allerdings beim lauten Frühstücksraum, der für Reisegruppen ausgelegt ist. Der größte Vorzug des Hauses ist angesichts der günstigen Preise seine zentrale Lage im näheren Ring um die Altstadt. Diese ist mit dem Taxi in wenigen Minuten zu erreichen; zu Fuß können Sie entlang des Zionbergs ins armenische Viertel und zur Klagemauer gehen.
31 Hebron Rd., T 02 568 99 99, www.danhotels.com, Khan Theatre, Bus 7, 8, 30, 71, 72, 74, 107, 124, 163: Hebron Rd., DZ ab 540 NIS

Das Dan Boutique Hotel hatte schon früh individuell designte Zimmer.

Toll auch für Kinder
Mount Zion Boutique Hotel K 7
Von der Straße bleibt der Charme des Hotels seiner Hanglage wegen gänzlich verborgen. Doch schon in der Lobby tut sich der atemberaubende Blick auf. Es gibt elegante Zimmer und Suiten in Gewölben, grüne Gartenterrassen und einen für Kinder wunderbaren Pool. Zum Spa gehört ein türkischer Hamam.
17 Hebron Rd., T 02 568 95 55, www.mountzion.co.il, Bus 7, 8, 30, 71, 72, 74, 107, 124, 163: Hebron Rd., DZ ab 860 NIS

Modern arabisch
Olive Tree Royal Plaza L 3
Ab ins Viertel Sheikh Jarrah und in ein angenehmes Hotel nahe dem American Colony Hotel. Die öffentlichen Bereiche (Lobby, Restaurants, Bar) sind großzügig in arabisch-orientalischer Architektur gestaltet. Die Atmosphäre steht und fällt mit den gerne hier absteigenden Reisegruppen. Zum Damaskustor geht man ca. 10 Minuten.
23 St. George St, T 02 541 04 10, www.olivetreehotel.com, Bus 13, 19, 30, 101, 13: Bar Lev Blvd., DZ ab 750 NIS

Für Nostalgiker
American Colony Hotel L 3
Als Palast eines Paschas wurde das Colony 1840 errichtet, alles großzügig und mit viel Liebe zur Architektur entworfen. Der Großvater des Schauspielers Peter Ustinov erwirkte 1902 die Umwandlung in ein Hotel. An der Nahtstelle zwischen Ost- und Westjerusalem gelegen, in Konflikten der Neutralität verpflichtet, bewahrt sich das Haus bis heute das Flair eines eleganten Refugiums. Besonders schön ist der Innenhof mit dem Springbrunnen.
1 Louis Vincent St., T 02 6 27 97 77, www.americancolony.com, Tram: Damascus Gate, DZ ab 1100 NIS

Der Klassiker
King David Hotel Karte 2, K 6
Mir persönlich ist das King David zu schwülstig und die Gäste sind mir zu unentspannt. Egal, unter Jerusalems Unterkünften gilt dieses Haus als die offizielle Nummer eins, in der auch Israels Staatsgäste nächtigen. Für viele ist es eines der schönsten Hotels der Welt. Mit dem sehr gediegenen Publikum ist es altersmäßig das krasse Gegenteil zur Jugendherberge. Zur *tea time* gibt's Hausmusik. Von den rückwärtigen Zimmern zur Altstadt hin genießen Sie einen tollen Ausblick, auch auf den Gartenpool, nach vorn hinaus blicken Sie auf Garten und Gebäude des YMCA Three Arches Hotels.
23 King David St., Tel 02 620 88 88, www.danhotels.co.il, Bus 102, 105, 106, 107: King David St., DZ ab 1800 NIS

Von wegen Manna!

Die Küche ist wie das Land: durch und durch multikulti. Naher Osten, Nordafrika, Mittel- und Osteuropa, Asien und Südamerika – Einwanderer haben Köstlichkeiten aus aller Welt mitgebracht. Üppig ist das israelische Frühstück, wie man es in Hotels findet. Die Büffets biegen sich unter Eiern, Käse, Joghurt, gartenfrischen Salaten, Oliven, Fischsalaten, mariniertem und geräuchertem Fisch, dazu Hummus (Kichererbsenbrei) und Marmeladen. Zum Mittag- und Abendessen haben Sie die schwere Wahl: Couscous, Moussaka, Kebab (Lammspießchen), ›gefillte fish‹ (Hecht- oder Karpfenpastete mit Zwiebeln, Eiern und Mandeln).

Ob Thai-Restaurant oder jiddisch – fast überall sieht man das *koscher*-Schild, das die vom Oberrabbinat überwachte Küche anpreist. Koscher zu kochen, ist eine Wissenschaft für sich, sagt allerdings noch nichts über die Qualität der Speisen.

Stärkster Trend in der israelischen Küche ist die fleischlose Kost. Mehr als fünf Prozent der Bevölkerung sind schon Vegetarier, Lacto-, Ovo-Lacto-Vegetarier, Veganer, Rohköstler, Fructaner und was auch immer. Der Restaurantszene hat die Veränderung der Essgewohnheiten eine herrliche Vielfalt auf den Speisekarten beschert.

Verlorengegangen ist übrigens das Rezept für die alttestamentarische Nationalspeise, das biblische Manna, das laut 2. Mose 16 auf dem Weg durch die Wüste vom Himmel regnete. An seine Stelle sind die Falafel getreten. Sie regnen jedoch nicht vom Himmel, Sie müssen sie schon kaufen.

Wer abends in Nahalat Shiva ausgeht, muss sich erst mal eine gute Grundlage schaffen.

STRASSENIMBISSE

Die Klassiker sind Falafel und Shawerma, die Unterschiede bei den Imbissen erheblich: Die guten bieten kostenlos allerlei milde bis scharfe Soßen und Gemüsezutaten (Kraut, Gurken, Pepperoni) an.

COUPONS & RABATTE

Israelische Restaurants bieten Rabatte an, hier mal 10 % Discount auf die gesamte Rechnung, dort eine Flasche Wein oder als Aperitif ein Glas Champagner gratis. Die Bons findet man u. a. in der kostenlosen Broschüre »Jerusalem Menu« und auf Internetseiten von Restaurants.

BUSINESS LUNCH

… weit verbreitet: Vor- und Hauptspeise, oft auch das Drei-Gänge-Menü bekommen Sie mittags zu weitaus niedrigeren Preisen als abends. Wo es nicht angeschrieben ist, fragen Sie danach.

SO BEGINNT EIN GUTER TAG IN JERUSALEM

Espresso & Bagel
Café Aroma Karte 2, K 6
Es gibt Bagels, Snacks, Sandwiches, frischen Kaffee und von der Terrasse einen sehr schönen Jerusalemblick kostenlos dazu.
Mamilla Mall, Bus 1, 2, 3: Mamilla Mall, Tram: City Hall, T 02 624 13 67, So–Do 7–24, Fr 7–14.30, Sa 30 Min. nach Shabbatende bis 0.30 Uhr, ab 20 NIS

Ruhig & zentral
Piccolino Karte 2, J 5
Am sogenannten Music Square, tagsüber eher ruhig, frühstücken Sie im Lokal oder auf der Terrasse außer Omelettes z.B. Pavarotti-Style (Spiegeleier auf Focaccia, Parmesan) oder Do-Re-Mi (Focaccia, Shakshuka).
12 Yo'el Solomon St., T 02 624 41 86, www.piccolino.co.il, So–Do 10–24, Fr/vor Fei 10–15 Uhr, Tram: Jaffa-Center, ab 60 NIS

Terrasse mit Aussicht
Three Arches Restaurant Karte 2, J 5
Traumhaft gelegen vor dem kolossalen YMCA-Gebäude und gegenüber dem King David Hotel, bietet man hier ein überschaubares Frühstücksbüffet, mittags und abends israelische Küche à la carte. Sie können hier aber auch einfach nur auf einen Cappuccino oder einen Wein kommen und die Aussicht genießen.
26 King David St., T 02 624 65 21, http://ymca3arches.com/restaurant, Bus 102, 105, 106, 107: King David St., tgl. 8–24 Uhr, ab 90 NIS

Lesen & genießen
Tmol Shilshom Karte 2, J 5
Benannt nach einem Buch des israelischen Nobelpreisträgers S. Y. Agnon, ist das Tmol Café, Restaurant und Buchladen. Etwas versteckt, findet man es am leichtesten von der 11 Yo'el Salomon St. aus, nach dem Durchgang links. Häufig gibt es dort auch literarische Veranstaltungen. Moderne israelische Küche.
5 Yoel Solomon St., T 02 623 27 58, www.tmolshilshom.co.il, Tram: Jaffa-Center, tgl. 9–1 Uhr, Shabbat geschl., ab 90 NIS

Gemüse & Fleisch
Café Yehoshua H 6
Morgens bis zum späten Mittag tolles israelisches Frühstück mit viel Gemüse, Gebäck und Kuchen, mittags und abends Fleisch, Pizza, Salate, und die gut sortierte Bar kann sich auch sehen lassen – ein populärer Jerusalem-Klassiker.
17 Azza St., T 02 563 28 98, www.cafeyehoshua.com, So-Do 7.30–24, Fr bis 15.30, Sa ab 20.30 Uhr, ab 50 NIS

WO ESSEN AUF NACHHALTIGKEIT TRIFFT

Kurdisch und koscher
Azura H 4
Die aus dem kurdischen Nordirak stammende Familie bereitet die Gerichte nach Rezepten aus der alten Heimat zu. Und alles köchelt auf einem guten Dutzend Kerosinkochern über Stunden vor sich hin. Meine Favoriten: das sämige Hummus mit Petersilie und das zarte Lammkebab namens Kima.
4 Ha'eshkol St., Mahane Yehuda Market, T 02 623 52 04, Tram: Mahane Yehuda, So–Fr 9–16, ab 70 NIS

Experimentierfreudig
Belinda H 6
Suppen, Sandwiches, Salate, Quiches – Hauptsache biologisch einwandfreie und gesunde Zutaten. Mit diesem Rezept wurde das Café populär. Die Küche liebt neben Standards wie dem Veggieburger Experimente, z. B. Lachskuchen oder Ingwertofu.
9 Diskin St., Wolfson Center, T 02 563 39 95, Bus 9, 24, 24a: Knesset, So–Do 8.30–18.30, Fr 8.30–12.30 Uhr, ab 60 NIS

Libanesisch
Manou Bashouk H 4
Gut, hier gibt's zur Not auch Fleisch. Aber: Das kleine Restaurant von Manou, sie ist gebürtige Pariserin, ist ein etwas

größerer Imbiss und ein kulinarisches Juwel im Mahane-Yehuda-Markt. Zu den Highlights der vegetarischen Küche gehören die Tabulah, Auberginen in Tahina, Weinblätter, die Gemüsepizza und der vegetarische Auflauf. Die Zutaten, da können Sie zusehen, holt Manou frisch vom Gemüsestand nebenan. Zum Frühstück gibt's hier Shakshuka.
29 Ez Khayim St., Mahane Yehuda Market, T 02 622 86 75, So–Fr 9–22 Uhr, ab 60 NIS

BAR- UND RESTAURANTMEILEN

In West-Jerusalem empfehlen sich drei Gebiete durch ihre Restaurantdichte. Die eine ist nahe der Fußgängerzone die Gegend um die **Yo'el Salomon Street,** wo internationale Küche und etliche gute Bars zur Auswahl stehen. Eine große Auswahl erwartet Sie auch in der **Emek Refa'im Street** in der German Colony (► S. 62). Mit Konditor-, Käse- und Weintouren, Kochworkshops und allerlei Bistros, oft versteckt zwischen Marktständen, lockt der **Mahane-Yehuda-Markt** (► S. 62); Gastroführer unter www.machne.co.il.

Bestes Grünzeug
Village Green Karte 2, J 5
Die ganze Palette veganer und vegetarisch-kulinarischer Freuden, Veggie-Burger inklusive, serviert das zentral gelegene Village Green, von der Linsensuppe bis zum organischen Roggen. Etliche Speisen sind glutenfrei.
5 Yo'el Solomon St., T 02 645 76 76, www.villagegreen.co.il, Tram: Jaffa-Center., So–Do 9–23, Fr 9–15.30 Uhr, ab 70 NIS

INSTITUTIONEN & SZENETREFFS

Shabbat-Treff
Adom K 8
Jerusalems ruhigster Tag ist in diesem großen Restaurant der quirligste, und das merkt man am Shabbat dann auch dem Service an, der zu Lunch und Dinner unter dem immensen Andrang sichtbar keucht. Sie trinken an der Bar, essen wahlweise drinnen oder draußen auf der Terrasse, von der aus Sie das bunte Treiben der First Station hautnah miterleben. Die umfangreiche Speisekarte ist mediterran-israelisch: Fleisch, Fisch, alles gute Qualität. Leckere Vorspeisen sind das Lachstartar und die Ravioli mit Ziegenkäsesoße, für die Fisch-Hauptspeise fragen Sie am besten nach dem fangfrischen *catch of the day*.
4 David Remez St., First Station, T 02 624 62 42, www.adom.rest, Bus 7, 30, 31, 71, 72, 74, 75: David Remez/Khan; Bus 18, 34, 77: Liberty Bell Park, tgl. 12–24 Uhr, ab 100 NIS

Hummus-Hammer
Abu Shukri Karte 2, L 5
Über Hummus und Falafel, und wer's am besten zubereitet, wird in Israel fast so viel gestritten wie über Religion. Abu Shukri gehört mit seinen alten Familienrezepten sicher zu den Könnern. Serviert wird das Hummus mit ofenwarmem Brot. Fleischgerichte gibt's natürlich auch.
63 Al Wad St./Via Dolorosa, T 02 627 15 38, tgl. 9–20 Uhr; Restaurant in der First Station, 4 David Remez St., T 052 589 15 55, tgl. 10–23 Uhr, ab 40 NIS

Orientalisch
Arabesque L 3
Beim Essen im Arabesque – die Tische weiß eingedeckt, edle Teppiche an den Wänden – kennt Jerusalem keine Grenzen. An den Bars, die schönste liegt im Sommer im Garten, die intimere im Keller, treffen sich ganz ungezwungen Israelis, Palästinenser, Medien-, Botschafts- und NGO-Leute aus aller Welt. Die Speisekarte bietet nahöstliche, mediterrane und mitteleuropäische Spezialitäten.
Im American Colony Hotel, 1 Louis Vincent St., T 02 627 97 77, www.americancolony.com, Bus 17: Sheikh Jarrah, tgl. 12–24 Uhr, ab 180 NIS

Arabische Köstlichkeiten
Askadinya L 2
Unweit des American Colony Hotels isst

Stilvoll beim Ambiente und beim Essen – das Top-Restaurant Arcadia

man in einem alten Jerusalemer Haus, das um einen Baum herum erbaut wurde. Fisch, Fleisch und Pasta oder/und auch ein Drink an der Bar, donnerstags spielt ein Live-Quartett alles von Bolero bis Take Five.

11 Shimon Hatsadiq St., T 02 532 45 90, www.facebook.com/AskadinyaRestaurant, Tram: Shimon Hatsadiq, tgl. 12–24 Uhr, ab 120 NIS

Was auf die Waffel

Babette's Karte 2, J 5

Hier kann man in Waffeln schwelgen. Babette's ist so klein, man übersieht es fast. Dafür gibt es Waffeln aller Art, gefüllt mit Creme, Schokolade, Vanille, Karamel, mit Früchten und etlichen Sirups. Zu Stoßzeiten steht man geduldig Schlange, es lohnt sich.

16 Shamai St., T 02 625 70 04, Tram: Jaffa-Center, So–Do 12–2, Fr 11–16, Sa 20–2 Uhr, ab 30 NIS

Typisch Israel

Barood Karte 2, J 5

Gut bestückte Bar mit freundlichem Service, die köstliche Speisen serviert: von Falafel und labneh (Joghurt-Frischkäse) bis *sutlach* (Reispudding). Wenn sich eine Gruppe angekündigt hat, gibt es womöglich nur an der engen Bar einen Platz. Mittags Business Lunch, abends gerne mal Live-Jazz.

31 Jaffa Rd., Feingold Courtyard, T 02 625 90 81, www.rol.co.il/sites/barood.html, Tram: Jaffa-Center, Mo–Fr 17–1, Sa 12.30–1 Uhr, ab 110 NIS

Essen & Live-Musik

Al Mihbash Restaurant & Café Karte L 4

Die Balkonplätze des ostjerusalemer Lokals in der 1. Etage haben Logenqualität. Serviert wird vom Frühstück bis zum Abendessen gute palästinensische-arabische Küche. Am Wochenende gibt es in netter Lounge-Resto-Atmosphäre häufig arabische Live-Musik, aber nicht zu laut. Tipp für Freunde des palästinensischen Bieres – hier gibt's Taybeh.

21 Nablus Rd., T 02 628 91 85, www.facebook.com/AlMihbashRestaurantAndCafe, tgl. 10–1 Uhr, ab 90 NIS

Maghrebinisch

Darna Karte 2, J 5

In einem 200 Jahre alten Gebäude in der City hat sich dieser wundervolle Marokkaner niedergelassen, der neben sieben Arten Couscous (mit Fleisch

Offene Küche im Restaurant Machneyuda

und vegetarisch) alle Spezialitäten aus dem Maghrebland serviert. Unbedingt probieren: *harira marrakshia*, eine traditionelle Suppe. Ein Schnäppchen ist das Mittagsmenü, das es werktäglich ab 65 NIS gibt.

3 Horkanos St., T 02 624 54 06, www.darna.co.il, Tram: Jaffa-Center, City Hall, So–Do 12–15, 18.30–24, Sa 1 Std. nach Shabbatende bis 24 Uhr, ab 120 NIS

Edel & fein

La Regence Karte 2, K 6

Gediegenes Ambiente, feine französische Küche. Das Restaurant ist ein Platz für besondere Anlässe. Da lässt man die Jeans im Schrank. Die Küche reicht von Fisch über Filet bis zu köstlichen gefüllten Tortellini. Die Weinliste ist nicht sehr umfangreich, bietet aber gute israelische Weiß- und Rotweine, u. a. vom Golan (ab ca. 250 NIS die Flasche). Beim Dinieren blickt man durch die Fenster auf die beleuchtete Altstadt, sehr stimmungsvoll.

King David Hotel, 23 King David St., T 026 20 88 88, Bus 102, 105, 106, 107: King David St., Sa–Do 19–23, So–Do 18.30–22.30 Uhr, ab 250 NIS

S
SHABBAT

Wundern Sie sich am Shabbat nicht über das Hotelfrühstück. Auf Anweisung des Jerusalemer Rabbinats dürfen Hotels an diesem Tag keine heißen Speisen servieren. Tschüss, Rührei!

Argentinisch

La Boca Karte 2, K 5

Paellas, chorizos, fajitas, empañadas, tortillas und natürlich Steaks in jeder Variante. Hier hat man sich ganz und gar der spanischen bzw. lateinamerikanischen Küche verschrieben, die sich zunehmender Beliebtheit erfreut. Im La Boca sitzt man nett, auch wenn die Einrichtung eher ein wenig spießig anmutet.

8 Shlomzion Hamalka, T 053 944 27 98, Tram City Hall, So–Do 12–2, Fr 11.30–18, Sa 20–23.30 Uhr, ab 120 NIS

Mediterran

Link H 5

Das Gebäude ist über 100 Jahre alt und umgeben von Grün, die Küche außerordentlich gut. Sie bietet mittags wie abends eine reiche Auswahl an internationalen Vorspeisen, Fisch und Fleisch. Die israelische Weinkarte ist überschaubar und sehr gut. Wer sich im Link zum Dinner verabreden will, sollte auf jeden Fall reservieren.

3 Hamaalot St., T 02 625 34 46, www.2eat.co.il/eng/link, Tram: Jaffa-Center, So–Do 11–24 Uhr, Fr/Sa 10–24 Uhr, ab 140 NIS

Flippig

Machneyuda H 4

Die Zutaten sind frisch vom nahen Mahane-Yehuda-Markt, die Musik des DJs ist nichts für Flüstergespräche, weil die Küchenchefs, kleine Stars der lokalen Gastroszene, mit Personal und Gästen schon mal singen und auf Töpfen trommeln. Trotz all dem gelingt es – mit gelegentlichen kulinarischen Dissonanzen – sehr gute arabisch-mediterrane Menüs zu servieren. Von den besten Plätzen, an der Bar, überblicken Sie die offene Küche. Sie sollten rechtzeitig reservieren.

10 Beit Yaakov, T 02 533 34 42, www.machneyuda.co.il, Tram: Mahane Yehuda, So–Do 12.30–16 u. 18.30– 24, Fr 11.30 bis 90 Min. vor Shabbat, Sa 90 Min. n. Shabbat bis 1.30 Uhr, ab 200 NIS

Tradition trifft Kreativität

Modern G 6

Die Karte liest sich auf den ersten Blick nicht aufregend. Burger, Tapas, Fisch, Fleisch, das Ganze im Israelmuseum – was soll einen in einem Museumsrestaurant schon erwarten? Auf jeden Fall eine Überraschung, kann man sagen. Denn der Chef gibt hier traditionellen mediterranen, darunter vielen vegetarischen Gerichten mit Kreativität und origineller Präsentation einen ganz neuen Geschmack. Das gilt beispielsweise für das Lammkebab mit Limonentahina oder das Lachsfilet mit Linsenragout. Die vegetarischen Jerusalem Tapas, sieben Saisongemüse in unterschiedlichen Geschmacksrichtungen, machen bei kleinem Hunger fast schon allein satt. Die Weinkarte ist ordentlich.

Israelmuseum, 11 Ruppin Blvd., T 02 648 08 62, www.modern.co.il, Bus 7, 9, 14, 35, 66: Israel Museum, So/Mo, Mi/Do 11.30–17, Di 11.30–23, Fr 11–14 Uhr, ab 130 NIS

In-Restaurant Link

Eis-Zeit

Mousseline H 4

Genießen und überwältigt sein, lautet das Motto dieser Eisdiele der besonderen Art. Die Zutaten kommen allesamt vom Mahane-Yehuda-Markt, und daraus zaubert Orit Vadi, die für die Kunst des Eismachens ihren Hightechjob hinwarf und eigens nach Frankreich in die Lehre ging, Eiscrème- und Sorbetsorten, für die manche quer durch die Stadt fahren. Grapefruit mit Basilikum, Wasabi oder Safran – es wird gerne experimentiert. Und darum sind Vanille und Schokolade hier eigentlich out (für ›Konservative‹ gibt es natürlich auch diese beiden klassischen Sorten). Erlesen ist auch der Kaffee aus äthiopischen und brasilianischen Bohnen, die von Hand geröstet werden.

2 Ha'armonim St., T 02 500 36 01, Mahane Yehuda-Markt, Tram: Mahane Yehuda, So–Do 11–19, Fr 11–14 Uhr, ab 13 NIS

Arabisch

Nafoura Karte 2, L 6

Am Nafoura laufen Sie leicht vorbei. Sollten Sie aber nicht! In dem arabischen Restaurant mit Terrasse an der Altstadtmauer können Sie dem Lärm und der Hektik der Old City entfliehen. Die Qualität der Hauptspeisen schwankt, verlässlich gut sind die *mezze.*

(FAST) ALLES ÜBER DIE KOSCHERE KÜCHE

Koscher zu kochen, ist eine Wissenschaft für sich. Ob Thai- oder jiddisches Restaurant – fast überall ist das *koscher*-Schild zu sehen, das die vom Oberrabbinat überwachte Küche anpreist. Koscher beinhaltet dabei jedoch kein mit den Michelin-Sternen vergleichbares Qualitätsurteil. Auch koscher kochende Köche können kulinarische Katastrophen kredenzen. Koscher garantiert lediglich, dass die Auswahl der Zutaten und deren Zubereitung streng überwacht sind, gleichsam von einer an der Thora orientierten Lebensmittelkontrolle.

Koscher ist Fleisch nur, wenn es von Tieren stammt, die mit einem blitzscharfen Messer geschächtet wurden, und wenn es kein Lebensblut mehr enthält. Blut wird als Teil der Seele angesehen. Zu den koscheren Säugetieren zählen Rinder, Schafe und Ziegen, nicht aber Schweine oder Kamele. Koscher ist auch Geflügel wie Ente, Gans, Huhn, Taube, Fasan und Truthahn. Von den Wassertieren ist koscher, was Schuppen und Kiemen hat, Muscheln und Schalentiere also nicht.

Milchprodukte müssen von koscheren Tieren stammen. Fleisch und Milch vertragen sich nicht, denn die Thora sagt: »Du sollst das Böcklein nicht kochen in seiner Mutter Milch.« Fleischspeisen werden daher weder in Butter gebraten noch mit Milch oder Sahne zubereitet, auch serviert man zum Abschluss eines Mahls weder Eis noch Milch für den Kaffee. Nach dem Verzehr von Fleisch müssen mindestens fünf Stunden vergehen, bis Milchprodukte genossen werden dürfen; umgekehrt (Fleisch auf Milch) sind es nur zwei Stunden.

Für Koscherköche bedeuten die Vorschriften, egal ob im Restaurant oder zu Hause bei Mama: Töpfe, Schüsseln, Teller und Bestecke existieren jeweils in doppelter Ausführung – einmal für Fleisch, einmal für Milch. Geflügel gilt als Fleisch. Fisch aber darf mit Milchprodukten zubereitet werden. Übrigens: Sie werden gerade in Restaurants häufiger auf den Begriff *mehadrin* (verfeinert) stoßen. Das Wort steht für die Einhaltung der Religionsgesetze, hier der Speisevorschriften, in mehr als nötigem Maße, sozusagen für super-koscher.

Wer Israelis zum Essen ins Restaurant einlädt, fragt sie am besten ohne Scheu, ob koschere Küche erwünscht ist. Keine Angst: Es gibt genügend Leute, die nichts lieber mögen, Rabbi hin oder her, als Muscheln und Hummer und zum Abschluss einen Cappuccino mit echtem Milchschaum!

18 Latin Patriarchate Rd., Jaffa Gate, T 02 626 00 34, www.nafoura-rest.com, Bus 38: Jaffa Gate, tgl. 12.30–23.30 Uhr, ab 110 NIS

Fisch & Fleisch

Pompidou Restaurant & Bar J/K 8

Mediterrane Küche, große schattige Terrasse, Top-Lage in German Colony – das Restaurant ist von Frühstück und Brunch bis zum späten Dinner gut besucht; Reservierung für den Abend angeraten.

27 Emek Refa'im St., T 02 625 11 11, So–Do 8.30–24, Fr 8.30–15.30, Sa 19–24 Uhr, ab 90 NIS

Nach der Altstadttour

Rossini Karte 2, L 6

Der Name weckt falsche Erwartungen: Hier gibt's außer einfacher Pasta, Lasagne und Pizza aus dem Gefrierschrank keine echten italienischen Küchenklassiker, sondern orientalisch-mediterrane Gerichte, und zwar mit Rind, Huhn, Lamm, die als Burger, Steak oder Shawerma nach der Tour durch die Altstadt besonders gut schmecken, wenn man, zurück am Jaffator, zur Stärkung ein nettes Plätzchen sucht. Die Portionen, auch die der diversen Vorspeisen, sind ordentlich, die samt und sonders israelischen Weine auf der Karte ihren Preis wert.

42 Latin Patriarchate Rd., Jaffator, T 02 587 74 23, Bus 38: Jaffa Gate, tgl. 12–23 Uhr, ab 100 NIS, Shabbat im Bistro

Shabbat im Bistro

Shanty Chef Restaurant Karte 2, J 5

In Jerusalem kommt ja zuweilen schon Begeisterung für ein Restaurant auf, nur weil es am Shabbat, also am Freitagabend, geöffnet hat. Dieses hier hat noch ein paar andere Qualitäten: So finden sich im Shanty die hungrigen Ausgehwütigen; die Karte bietet Fisch, Fleisch, knackige Salate. Die Bar ist reich bestückt, die Musik funky – was will man mehr.

4 Nahalat Shiva St., T 02 624 34 34, Tram: Jaffa-Center, City Hall, tgl. 19 Uhr bis der letzte Gast geht, ab 120 NIS

EXPERIMENTIERFREUDIG & UNGEWÖHNLICH

Biblische Küche

The Eucalyptus Karte 2, L 6

Chef Moshe Basson war von einer Idee besessen und die setzte er um: Kochen nach den Vorgaben und mit den Zutaten aus biblischer Zeit. So kommen die Zutaten für den Salat mit sieben Kräutern aus den Bergen Judäas. Oder *nahaphoch-hou maglube* – das ist eine Kasserolle mit Safranhuhn, Reis und Gemüse, die in einer sehenswerten Zeremonie serviert wird. Besonders schön sitzen Sie auf der Dachterrasse mit Altstadtblick.

14 Hativat Yerushalayim St. (Hutzot Hayotzer/The Artists Colony), T 02 624 43 31, www.the-eucalyptus.com, Bus 1, 2, 3, 20, 104: Jaffa Gate, So–Do 18–23, Sa 20.15–23.00 Uhr, ab 180 NIS

BBQ à la USA

Harvey's Smokehouse Karte 2, K 5

Wer amerikanische BBQ-Restaurants mag, ist hier genau richtig. Huhn, Fisch, Fleisch kommen frisch vom Rost, die Burger sind prima, ebenso die Vorspeisen, Cole Slaw, Harvey's Salad und Caesar Salad. Der Service war bei unserem Besuch amerikanisch freundlich, gut und schnell; abends reserviert man besser.

7 Shimon Ben Shatah, T 02 624 64 44, www.facebook.com/HarveysSmokehouseJerusalem, Tram: City Hall, So–Do 12–24 Sa 1. Std. nach Shabbatende bis 24 Uhr, ab 80 NIS

Frankolevantinisch

La Guta J 5

Lässige Eleganz regiert in dem sehr guten Restaurant in der Innenstadt. Die mediterrane Küche hier zeichnet sich durch einen levantinischen Touch aus. Die New York Times schwärmte einst, mit seiner Wertschätzung lokaler Grundlagen und globalen Techniken sei der Chef des Guta eine Metapher für das moderne Jerusalem.

18 Yosef Rivlin St., T 02 623 23 22, www.la-guta.co.il, Tram: Jaffa-Center, So–Do 9–23.30 Uhr, Fr 9–14 Uhr, ab 190 NIS

Mitbringsel & Mitschleppsel

Shopping – so lala! Jerusalem liegt auf der nach oben offenen Schrei-vor-Glück-Skala sicher nicht im Spitzenfeld, weder was Originalität des Angebots noch was günstige Preise angeht. Aber, liebe Shopper, ein bisschen was geht auch hier, und wenn es um Kunsthandwerk, armenische Keramik etwa, geht, dann sind Sie sogar goldrichtig.

Die Standard-Shopping-Malls findet man überall. Jerusalems Prachtmeile ist die schicke Mamilla Mall. Nette, gewachsene Einkaufsstraßen sind im Zentrum die Fußgängerzonen der Jaffa Road und der Ben Yehuda Street sowie in German Colony die atmosphärische Emek Refa'im Street. Vom umliegenden Niedrigpreisgeschäft hebt sich im jüdischen Viertel der Altstadt der luxuriöse Cardo ab mit Galerien, Weinhandlungen, Kunsthandwerk, Judaika.

Typische Souvenirs sind Keramiken, Schnitzarbeiten (aus Olivenholz und Perlmutt), Lederwaren, Kupfer- und Silberarbeiten, Mode- und Diamantschmuck, T-Shirts mit Spaßaufdrucken wie Guns N'Moses, gestickte Decken sowie Kelims.

Großer Beliebtheit erfreuen sich Kosmetika vom nahen Toten Meer. Aus Palästina kommt Kunsthandwerk, z. B. Schnitzereien oder Wasserpfeifen. Sie irren nicht, wenn Sie Jerusalem für die Kapitale des Trödels halten. Antikes wird in unglaublichen Mengen, großer Vielfalt und ebensolchen Preisklassen angeboten. Größere Stücke werden von den meisten Händlern auch international versandt.

Ledershop auf dem arabischen Markt

MAL IN DIE MALL

Ansprechend und modern ist die **Malcha Mall/Jerusalem Mall** (südl. E 8, 1 Beitar St., Malcha, Bus 4, 17, 18: Malcha Mall, So–Do 9.30–22, Fr 9–15, Sa 1 Std. n. Shabbatende bis 23 Uhr; 260 Läden, 8 Kinos, mehr als 20 Restaurants). Man shoppt Kleidung, auch von israelischen Designern, Kosmetika, CDs, Bücher etc. Eleganter, teurer und zentral gelegen ist unterhalb des Jaffators die **Mamilla Mall** (Karte 2, K 6, 8 Alrov Mamilla Avenue, www.alrovmamilla.com, Bus 1, 2, 3: Mamilla, Tram: City Hall, So–Do 10–22, Fr 9.30–14.30, Sa 1 Std. n. Shabbatende bis 23 Uhr).

HANDELN

Im Basar einzukaufen, ohne zu handeln, geht gar nicht. Beginnen Sie bei 30 bis 40 % des verlangten Preises. Wenn Sie am Ende 60 bis 70 % bezahlen, dann haben Sie gut gehandelt.

BÜCHER & MUSIK

Alternativ
Educational Bookshop & Cafe
L 4
Schmökern und einen Segafredo-Kaffee dazu, dafür ist in dem Ostjerusalemer Buchladen nordöstlich des Damaskustors, den viele für den besten Jerusalems halten, alle Zeit der Welt. Das Angebot, reich an Sachbüchern zu aktuellen politischen und sozialen Themen (Nahostkonflikt, arabische Identität, Islam etc.), ist verteilt über drei Etagen. Selbst ausgefallene und rare Kunst- und Kochbücher findet man.
19 Salah el Din St., Sheikh Jarrah, T 02 628 37 04, www.educationalbookshop.com, tgl. 9–20 Uhr, Tram: Shivtaei Yisrael

Erstklassig
American Colony Bookshop L 3
Munther Fahmi, der Besitzer des Buchladens im American Colony Hotel, ist eine lebende Legende. Zuletzt scheiterte Israel damit, ihn zur persona non grata im eigenen Lande zu erklären, aber das ist eine andere Geschichte. Was seinen Buchladen im Pavillon gegenüber der Colony-Lobby so einmalig macht, ist die Auswahl an Literatur. Belletristik und Sachbücher gibt es in etlichen Sprachen, auch in Deutsch. Was den Laden auszeichnet, ist die Vielfalt an Büchern und Bänden aus arabischen und palästinensischen Verlagen. Sämtliche Top-Autoren sind mit Werken vertreten. Dabei geht es thematisch natürlich um den Nahostkonflikt, die Suche nach Frieden, die Stellung der Frau in der Gesellschaft und Palästinas Geschichte, aber man findet auch überraschende Bücher wie etwa einen entzückenden Bildband, der sich witzig und skurril mit orientalischen Dessousvorlieben beschäftigt.
Nablus Rd., American Colony Hotel, T 02 627 97 31, Bus: 17 Sheikh Jarrah, tgl. 10–20 Uhr

Vinyl & CD
The Eighth Note Karte 2, J 5
Die Auswahl an israelischer und internationaler Musik ist riesig. Man kann ungestört in CDs reinhören. Das Personal ist sehr hilfreich, wenn man sich für israelische Musik interessiert und Orientierung benötigt.
16 Shamai St., T 02 624 80 1, www.tav8.co.il, Tram: Jaffa-Center, So–Do 9–20, Fr–14 Uhr

Traditions-Buchhandel
Ludwig Mayer Jerusalem Ltd.
Karte K 5
Es sind eine Buchhandlung und ein Antiquariat wie aus dem Film. Es ist eng, die Regale biegen sich, stellenweise hat sich Staub angelegt, man muss auf Buchstapel achten. Wer einmal drin ist, kommt aus dem Stöbern und Schmökern kaum mehr heraus. 1908 wurde das Geschäft, damals noch am Jaffator, von Herrn Mayer aus Prenzlau nördlich von Berlin gegründet, 1936 zog Jerusalems erster Qualitätsbuchladen in das heutige Ladenlokal in der City um, später übernahmen die Söhne usw. Die Bücher sind übrigens online katalogisiert. Herrlich.
4 Shlomzion Hamalka St., T 02 625 26 28, www.ludwigmayer.com, tgl. 9–13, 14–18 Uhr, Di & Fr nachmittags geschl.

DELIKATESSEN UND LEBENSMITTEL

Edle Tropfen
Avi Ben Wine Shop Karte 2, J 5
Das komplette Sortiment der israelischen Weine (u. a. Yarden, Carmel, Ella Valley) ist vorhanden, zum Teil auch koscher. Man wird gut beraten und Avi Ben bietet internationalen Zustellservice.
22 Rivlin St., T 02 625 97 03, www.avibenwine.com, Tram: Jaffa-Center, So–Mi 9–20, Do 9–22, Fr 8–16 Uhr

Gewürze
Pereg Spices H 4
Über 100 Gewürzsorten, Mischungen und dazu diverse Olivenöle (alles ohne Konservierungsmittel, Geschmacksverstärker etc.) verkauft die Pereg-Familie seit 1906, als sie aus Libyen einwanderte und woher sie lange den Großteil ihrer Ware bezog. Sie werden beim Kauf freundlich beraten, welches Gewürz sich

Im Sommer gönnt sich der ›Badeort‹ Jerusalem in der First Station auch mal das Bikini-Festival.

für welche Speise am besten eignet.
79 Ez Khayim St., Mahane-Yehuda-Markt, T 02 623 19 47, www.tavlineypereg.co.il, Tram: Mahane Yehuda, So–Do 8–19, Fr 8–14/15 Uhr

Süßigkeiten
Abzel Sweet H 4
Halva, Bonbons, Fruchtgummis, Schokoladen, Gebäck – ein buntes Meer an orientalischen Süßigkeiten kaufen Sie in dem seit 1936 bestehenden Familienbetrieb nach Gewicht.
Elyahu Banai St., Mahane-Yehuda-Markt, www.machne.co.il, Tram: Mahane Yehuda, So–Do 8–19, Fr 8–14/15 Uhr

FLOH- UND STRASSENMÄRKTE

Aufregend
Arabischer Basar Karte 2, L/M 5
Es genügen ein paar Schritte durchs Damaskustor, und Sie sind im wundervollen arabischen Basar (► S. 45) des muslimischen Viertels. Händler verkaufen rund um die bis zum Tempelberg verlaufende Al Wad St. Uhren, Gürtel, Sonnenbrillen, Kleider, Gewürze und sonstiges Allerlei – ein orientalisches Treiben sondergleichen.
Damaskustor/Muslimisches Viertel, Tram: Damascus Gate, tgl. ca. 10–20 Uhr, Fr schließen viele Geschäfte während des Mittagsgebets bzw. öffnen erst danach ab 13.30/14 Uhr

Buntes Allerlei
Bezalel Craft Fair Karte 2, J 5
Der populäre Wochenmarkt für Kunsthandwerk aller Art: Neben Schmuck, Keramiken und Judaika gibt es Lederwaren, Textilien, Bücher, Drucke; viele junge Künstler sind mit rund 150 Ständen vertreten.
1 Bezalel/Shatz St./Schieber Park, Tram: Jaffa-Center, Bus 7, 13, 17, 19, 32, 34: King George/Ben Yehuda, Fr 10–16 Uhr

Auch Bio
Farmer's Best K 8
Vergessen Sie den Frühaufsteher-Irrsinn, schon um 6 Uhr morgens über den Flohmarkt zu pirschen, um die Schnäppchen zu schießen. Der Farmers und Artists Market in German Colony öffnet jeden

Freitag ganz gepflegt um 9 Uhr und dauert bis etwa 16 Uhr. Das Angebot ist, wie der Name verheißt, bunt: Biokäse, Oliven aus eigenem Anbau, Öle, homöopathische Heilmittel, Kunsthandwerk, handgefertigtes Spielzeug.
12 Emek Refa'im St., German Colony, Bus 18, 34, 49, 77: Emek Refa'im/Lloyd George, Fr 9–14 Uhr

Krims & Krams
The First Station K 8
Auf dem Areal des alten osmanischen Bahnhofs von Jerusalem, heute ein familienfreundliches Freizeit-, Kunst- und Kulturzentrum mit Bars, Cafés und Restaurants, ist reichlich Platz für den Kunst-, Mode-, Designer- und Flohmarkt. Das Angebot ist durchwachsen und reicht von kitschig bis originell und ausgefallen.
4 David Remez St., Visitors Center 02 648 03 34, T 02 653 52 39, www.firststation.co.il, Bus 7, 30, 31, 71, 72, 74, 75: David Remez/Khan; Bus: 18, 34, 77: Liberty Bell Park, tgl. geöffnet

GESCHENKE, DESIGN, KURIOSES

Wenn's schön macht
Ahava K 5/6
Die weltweit als Dead Sea Products vermarkteten Kosmetika, gewonnen aus Mineralien aus dem Toten Meer, dienen Schönheit und Gesundheit. Es gibt Cremes, Seifen, Bäder, therapeutische Mittel gegen Hautprobleme – auch eine Pflegeserie für Männer ist erfolgreich vertreten.
Mamilla Mall, T 02 624 39 29, Bus 1, 2, 3/ Tram: City Hall, So–Do 10–22, Fr. 9.30–14.30, Sa 1 Std. nach Shabbatende –23 Uhr

Selbst designen
Armenian Ceramics L 4
Neshan Balians Firma betreibt neben dem Verkauf vor Ort einen internationalen Versand. Auf der Homepage können Kunden Fliesen nach ihren eigenen Wünschen und Ideen gestalten. Der Verkaufsladen heißt Palestinian Pottery.
14 Nablus Rd., Tel 02 628 28 26, 02 626 06 85, www.armenianceramics.com, www.palestinianpottery.com, Tram: Damascus Gate, Mo–Sa 9–16 Uhr

Top-Silberschmied
Avi Biran K 7
Der für seine künstlerischen Werke vom Israelmuseum ausgezeichnete Avi Biran, Jahrgang 1964, Absolvent der Bezalel Academy of Art and Design, fertigt Silberarbeiten – hauptsächlich solche für rituelle Zwecke, aber auch alltägliche Gebrauchsgegenstände wie Kerzenhalter, Serviettenringe oder Pfeffer- und Salzstreuer für den festlichen Tisch zu Shabbat, dazu Silberlöffel für Neugeborene oder Weingläser zum Fest der Beschneidung. Birans Erfolg erklärt sich wohl daraus, dass er in ganz eigenem Stil die klassische Form von Kultgegenständen durchbricht. Er will, dass seine Kunden schmunzeln, und sagt: »Nirgendwo steht, dass es verboten ist, Kultgegenstände mit Humor zu gestalten. Ich mache mich ja nicht lustig, ich will, dass man sich freut.«
12 Hebron Rd., The Jerusalem House of Quality, T 02 673 52 422, www.avi-biran.co.il, Bus 7, 8, 30, 71, 72, 74, 107, 124, 163: Hebron Rd., So–Do 10–18, Fr–14 Uhr

Kunstvolle armenische Muster zieren Keramiken.

Alteingesessen
Baidun Karte 2, L 5
Einen guten Ruf genießt dieser Laden der Baidun-Familie mitten in der Altstadt. Die Preise für Gläser, Lampen, Krüge, Figuren gelten als fair.
20 Via Dolorosa, zwischen Station V und VI, T 02 626 14 69, 054 737 10 66, www.baidun.com, Bus 38: Jaffa Gate, Tram: Damascus Gate, Sa–Do 10–19 Uhr

In jeder Ton-Lage

8 Altogether Ceramic Art Cooperative Karte 2, J 5

Bekannte Künstler aus Israel (z. B. Sara Ben Yosif, Mark Yudell) zeigen in der Verkaufsausstellung der Kooperative zum Teil sehr ausgefallene Töpferarbeiten und Keramiken.

Kippa und Superman-Schnitt ganz nach eigener Fasson

4 Yo'el Salomon St., T 624 72 50, www.facebook.com/Altogether8, Tram: Jaffa-Center, So–Do 9.30–20 Uhr

Schwarz-Weiß-Nostalgie

Elia Photo Service Karte 2, L 5

Das alte Jerusalem ist in Fotografien nicht nur im Museum der Zitadelle erhalten, auch in der Altstadt finden Sie viele Läden, die jede Menge historischer Aufnahmen besitzen und für Kunden in beliebiger Größe reproduzieren. Eine kleine, spannende Zeitreise bedeutet es, im oft etwas staubigen Fundus alteingesessener Fotografenfamilien zu stöbern. Das Archiv der Familie Elia dokumentiert über ein halbes Jahrhundert Jerusalemer Geschichte mit teils einmaligen Aufnahmen.

Jaffa-Gate, 14 El Khanka St., T 02 628 20 74, www.eliaphoto.com, Bus: 38 Jaffa Gate, Mo–Sa 10–18/19, So ab 13 Uhr

Künstlerkolonie

Hutzot Hayotzer K/L 6

Knapp drei Dutzend Ateliers und Werkstätten beherbergt die 1969 zwischen Jaffator und Yemin Moshe gegründete Kolonie. Die angebotenen Werke und Stücke (Judaika, Malerei, Keramiken, Schmuck) sind hochwertig.

Hutzot Hayotzer, T 02 507 02 20, www.jerusalem-art.org, Bus 1, 2, 3: Mamilla, Jaffa Gate, So–Do 10–17, Fr 10–14 Uhr

Offene Ateliers

Jerusalem House of Quality K 7

Galerien und Kunsthandwerk in einem historischen Gebäude mit malerischem Innenhof, die Ateliers sind zugänglich.

12 Hebron Rd., T 02 671 74 30, www.art-jerusalem.com, Bus 7, 8, 30, 71, 72, 74, 107, 124, 163: Hebron Rd., So–Do 10–18, Fr –14 Uhr

Für den Kopf

Kippa Man Karte 2, J 5

Der Laden im Zentrum ist stadtbekannt, denn Kippas (oder Kippot) müssen nicht immer einfarbig sein. Wer's gerne bunt auf dem Kopf hat, kann sich hier die jüdische Kopfbedeckung nach eigenem Design anfertigen lassen.

5 Ben Yehuda St., Downtown, T 02 622 12 55, Tram: Jaffa-Center, So–Do 10–20, Fr –14 Uhr

Von Westbank-Frauen

Melia Art & Training Center Karte 2, L 5

Das Projekt ›Helping Women Help Themselves‹ ist ein Erfolg. Hier werden die schönen Stickereien und Textilarbeiten (Handtaschen, Kissen, Tischläufer, Schals) von palästinensischen Frauen verkauft, die diese in Heimarbeit herstellen. Den Frauen ermöglicht der Verkauf, trotz der schwierigen Lage der palästinensischen Gebiete zum Familieneinkommen beizutragen. Aus dem Erlös werden Kleinfirmengründungen durch u. a. Mikrokredite unterstützt.

Casa Nova Rd., T 02 628 13 77, Bus 38: Jaffa Gate, Sa–Do 8.30–19 Uhr

Glasbläsertradition

Nekker K 3

Die in den 1950er-Jahren aus Bagdad eingewanderte Familie Nekker hat am nördlichen Rand von Mea She'arim (nahe der Mir Yeshiva) die alte Glasbläserkunst aus der Zeit Jesu wiederbelebt; in der Werkstatt kann man zusehen, vorn im Laden einkaufen. Besonders

schön sind die Parfümfläschchen und Reproduktionen aus Museen.
6 Beit Yisrael St., T 02 582 96 83, So–Do 10–14 Uhr, Bus 4, 22, 71: Mea She'arim, Beit Yisrael; Bus 55, 98: Zaks Sq.

Alles fliest
Sandrouni Karte 2, K 5
Vasen, Teller, Obstschalen, Karaffen, Fliesen mit Tier- und Pflanzenmustern, und alles strahlend bunt. George und Dorin Sandrouni gelten als Meister des armenischen Traditionshandwerks und sie bestücken mit ihren übrigens erschwinglichen Arbeiten schon etliche Ausstellungen. Das Atelier liegt innerhalb der Stadtmauern, nur 120 m vom Neuen Tor.
New Gate, T 02 626 37 44, Mobil 050 599 11 21, www.sandrouni.com, Tram: City Hal, Mo–Sa 10–19 Uhr

Fair Trade
Sunbula Craft Shop K 7
Handarbeiten verkauft die Sunbula-Kooperative im St. Andrew's Scottish Guesthouse. Kleidung, Schmuck, Stickereien usw. stammen einzig von Organisationen, die in der Westbank und im Gazastreifen Frauen unterstützen.
1 David Remez St., T 02 671 46 05, www.sunbula.org, Bus 7, 30, 31, 71, 72, 74, 75: David Remez/Khan, So 10.30–12.30 Uhr und nach Vereinbarung; ein weiterer ist in 15 Nablus Rd., T 02 672 17 07, Tram: Shimon Hatsadik

Zeitgemäßes Design
Yossi Matityahu Karte 2, K 6
Was man mit Fliesen alles machen kann, zeigen die Armenier. Sie fertigen u. a. Fliesen, Teller und Tischlampen mit profanen und christlichen Motiven an. Die Ursprünge dieser Kunst wurzeln im frühen Christentum, als vielfach armenische Künstler das Kirchendekor vom schmuckvollen Boden bis zum Altarraum gestalteten. Man muss nicht gleich sein ganzes Bad mit handgemaltem Palmendekor oder orientalisch-floralen Mustern ausstatten, es reichen schon Einzelstücke wie Untersetzer oder Shabbatgläser.
8 King David St., T 054 688 85 87, www.yossimatityahu.com, Bus 102, 105, 106, 107: King David St., So–Do 10–18, Fr –14 Uhr

Ü ÜBRIGENS

Touristen sind teilweise von der 7,5 und 17 %-igen **Mehrwertsteuer** befreit, wenn in ausländischer Währung bezahlt wird. Das gilt für Unterkunftskosten, organisierte Bustouren, Leihwagen, Inlandsflüge. Bei der Ausreise wird am VAT-Desk im Flughaften gegen Vorlage des Kaufbelegs und des grünen VAT-Formulars für Waren im Wert ab 100 US-$ die Mehrwertsteuer erstattet (gilt nicht für Tabakwaren, elektrische Geräte, Kameras).

MODE, ACCESSOIRES

Feminin und leicht
Dorin Frankfurt Karte 2, K 6
Alte Mode statt *alta moda* – das ist in Jerusalem das Fashion-Credo. Jerusalem ist nicht Tel Aviv und Israel keine große Modenation. Das Angebot wird dominiert von den weltweit operierenden Ketten und der Besucher staunt über die Vielzahl von Modegeschäften, die den religiös orientierten Bedarf der konservativen bis orthodoxen Jerusalemer Klientel bedienen. Doch zum Glück gibt es eine Pionierin: Dorin Frankfurt ist seit Jahren eine von Israels Top-Designerinnen. »Meine Mode spricht Hebräisch«, sagt sie, heißt: Ihre Entwürfe sind feminin, leicht, bequem.
Mamilla Mall, T 02 500 22 13, www.dorinfrankfurt.com, Tram: City Hall, So–Do 10–22, Fr 9.30–14, Sa 1 Std. nach Shabbatende –23 Uhr

Schmucke Sachen
Ophir Karte 2, J 5
Aus dem Land Ophir bezog König Salomon einst sein Gold. Ausgefallenen Schmuck, mal orientalisch, mal modern, designen Goldschmied Avraham Lor und sein Sohn Sefi.
38 Jaffa Rd., T 02 624 90 78, www.ophir-jewelry.com, Tram: Jaffa-Center, So–Do 9–19, Fr 9–13 Uhr

Shabbat Night Fever

Sollten Sie in der Überschrift leise Ironie erfühlen, dann liegen Sie richtig. Beim Shabbat Fever handelt es sich, zöge man den Pschyrembel zu Rate, um eine Hypothermie, eine Unterkühlung. Jerusalem kann sich in Sachen Nightlife nicht mit Tel Aviv oder Eilat messen. Die Stadtverwaltung und orthodoxe Kräfte streben das auch gar nicht an. Man hat im Zentrum durchgegriffen und etliche Bars geschlossen. Dennoch ist im Nachtleben das Schummerlicht noch nicht ganz ausgeknipst.

Zwischen Ben Yehuda und Yo'el Salomon Street gibt es neben einer bunten Restaurantszene etliche Bars und Pubs. In der Industrial Zone Talpiot im Süden finden sich viele In-Discos mit schnell wechselnden Namen. Den Orthodoxen zum Trotz regelt auch in Jerusalem die Nachfrage das Angebot, und so ignorieren viele säkulare Gastronomen im Kampf gegen die kollektive Dehydrierung sogar den heiligen Shabbat. An Öffnungszeiten hält man sich in Jerusalem, vor allem in der Gastronomie, nicht so sklavisch. Beliebt, weil cool, ist die nicht ganz wörtlich zu nehmende Sperrzeitangabe ›till last customer‹; sie heißt nichts anderes als Ende offen. Wenn vom Personal die Stühle dann hochgestellt werden, ist es allerdings auch für den Letzten Zeit zu gehen.

Richtig gut sind Sie in Jerusalem aufgehoben, wenn Sie sich für Klassik und Theater interessieren – das Angebot ist vielfältig und erstklassig. Erwähnt sei nur das international renommierte Jerusalem Symphony Orchestra.

Feiern, flirten, tanzen im angesagten Club HaTzaatua

VERANSTALTUNGSTIPPS

Was in der Stadt los ist, findet man in der Haaretz (www.haaretz.com), englischsprachiges Supplement der »International New York Times«, auf www.timeout.com und auf www.itraveljerusalem.com.

AUF GUT GLÜCK

Wer erst einmal die Nightlife-Szene auskundschaften will, fängt, nahe der Jaffa Road, in der Fußgängerzone rund um die Yo'el Salomon Street, an. Da gibt es erstens reichlich Restaurants und zweitens viele Bars und Kneipen; man sitzt meist draußen, voll wird's ab ca. 22 Uhr. Schauen Sie auch in die Hinterhöfe, da verstreckt sich so manche Trinkstätte. Etwas gehobener ist die Gastronomie in der Emek Refa'im Street in der German Colony, auch eine gute Ecke für den Einstieg.

BARS UND KNEIPEN

Roaring Twenties

Gatsby ✪ Karte 2, J 5

Der Name ist Programm. Das Art-déco-Interieur erinnert an die 20er Jahre und insbesondere an Scott F. Fitzgeralds Romanhelden. Zwei der vielen Lieblingsdrinks Fitzgeralds sind nach Autor und Protagonist benannt. Wer das ›watering hole‹ nicht gleich findet: Damals herrschte die Prohibition – schauen Sie sich ein wenig um. Und letzter Tipp: In solche illegale Bars huschte man damals von der Straße durch kleine versteckte Türen.

18 Hillel St., Tel. 054 814 71 43, www.facebook.com/GatsbyJerusalem, Tram: Jaffa-Center, tgl. 18–1 Uhr

Fast 24/7

Bolinat ✪ Karte 2, J 5

Tagsüber gibt's hier Kaffee und Sandwiches. Bekannt ist das Bolinat jedoch wegen seiner für hiesige Verhältnisse vorlauten Werbesprüche (*lo kol kach kasher* – nicht wirklich koscher) sowie der lebenserhaltenden Rolle für Jerusalems Nightlife. Fast bis zum Morgen bekommen Sie hier noch Bier und Cocktails, Tanzparty ist allerdings erst abends, bevorzugt am Freitag, wenn der Rest der Stadt in den Shabbat komatisiert.

6 Dorot Rishonim St., T 02 624 97 33, Tram: Jaffa-Center, tgl. 9–3 Uhr

Irisch-bodenständig

Dublin Irish Pub ✪ Karte 2, J 5

Getrunken und getanzt wird mit irischem Temperament. Gespielt wird allerdings Pop, international und aus Israel, Trance sowie Musik aus den Charts.

4 Shammai St., www.facebook.com/dublin.jeru, Tram: Jaffa-Center, tgl. 17–5 Uhr

Gute Drinks

Focaccia Bar ✪ Karte 2, J 5

Zu der Bar, ein Jerusalemer Klassiker, gehört ein Restaurant, das sich an mediterran-italienischer Küche versucht. Nicht immer gelungen. Die Drinks aber sind einwandfrei, Raucherbereich vorhanden.

4 Rabbi Akiva St., T 02 625 64 28, bar.focaccia.co, Tram: Jaffa-Center, tgl. 9–2 Uhr

Schwarz & schick

HaTzaatzua (Toy Bar) ✪ Karte 2, J 5

In dem ehemaligen Spielzeugladen trifft man sich auf mehreren Etagen zum Tanzen und zum Feiern. Das Interieur setzt auf cooles Schwarz und allerlei Lichteffekte.

6 Du Nawas St., T 02 623 66 66, www.facebook.com/toybar, Mamilla, Tram: Jaffa-Center, Mo–Sa 21 Uhr bis zum letzten Gast

Party-Time

Mike's Place ✪ Karte 2, J 5

Oft Livemusik und immer Stimmung dank Open Mike Monday, Band Night Tuesday, Jazz Jamz etc. – guter Platz mit Tischen im Freien und Minimumverzehr von zwei Getränken, was hier aber wohl jeder schafft.

33 Jaffa Rd., Zion Sq., T 02 502 34 39, www.mikesplacebars.com, Tram: Jaffa-Center, tgl. außer Shabbat 12 Uhr bis sehr spät

Alles marktfrisch

Mona ✪ H 5

Im Haus der Old Bezalel Art School hat sich dieses Restaurant etabliert. Man serviert Sandwiches, Steaks, Fisch, Meeresfrüchte, Austern. Das Publikum, das an Bar und Kamin abhängt, tut das auch gerne am Shabbat.

12 Shmuel HaNaggid St., T 02 622 22 83, www.monarest.co.il, Tram: Mahane Yehuda, So–Do, Fr 12.30–16 u. 18–2, Sa 12.30–2 Uhr

Trommel-Wirbel

Yudale ✪ H 4

Das Yudale, Ableger des gegenüberliegenden Schwesterrestaurants Machneyuda (▶ S. 95), ist eine Resto-Bar; man sitzt um die offene Küche herum. Das gute Essen ist fast Nebensache, wenn die Köche auf den Töpfen Lieblingssongs trommeln, bis es in dem kleinen Laden brodelt, das Publikum klatscht und johlt.

11 Beit Yaakov St., Tram: Mahane Yehuda, Sa–Do 17–1, Fr 11.30–16, Sa 90 Min. nach Shabbatende bis 1.30 Uhr

KINO IN JERUSALEM

Es gibt ein großes filmbegeistertes Publikum in Jerusalem und zwei wichtige Anlaufadressen für Cineasten:

Jerusalem Cinematheque K 7
Cinematheque des alljährlichen Filmfestivals.
www.jer-cin.org

Cinema im Jerusalem Center for the Performing Arts J 7
Tipp für Cineasten.
www.jerusalem-theatre.co.il

Lev Smadar K 8
Das Kino in German Colony hat wie in guten alten Zeiten nur einen Kinosaal und zeigt internationale Streifen. Beliebt ist es auch, weil das Theater-Café Bier vom Hahn zapft.
www.lev.co.il, T *5155

GlobusMax F 4
Blockbuster-Kino mit vier Sälen
www.globusmax.co.il, T *2235.

Cinema City F 4/5
Multiplexkino mit 19 Sälen, Top-Technik, sehr bunt designt.
www.cinema-city.co.il

Trendig

Zuni Karte 2, J 5
Hier ist rund um die Uhr geöffnet. Die Musik ist in diesem Lokal nicht allzu laut und das dazu gebotene Essen ordentlich: am Morgen Frühstück, mittags Brunch, abends Fisch und Fleisch und zu jeder Zeit Salate und Sandwiches.
15 Yo'el Salomon St., T 02 625 77 76, www.zuni.co.il, Tram: Jaffa-Center, tgl. rund um die Uhr

LIVEMUSIK – VON FOLK BIS KLASSIK

Klezmer

Anna Ticho House Karte 2, J 4
Das Kulturzentrum und Museum mit Bildern von Anna Ticho wurde als eines der ersten Jerusalems erbaut (19. Jh.). Verschiedene Abendveranstaltungen: Jazz, Käse und Wein (Di 20.30 Uhr); Kammermusik in der oberen Galerie (Mi 20 Uhr); jüdische Musik (Sa 20.30 Uhr), dazu häufig Dichterlesungen. Fr morgens Matinee. Reservierung nötig.
10 Harav Agan St., T 02 645 37 46, Tram: Jaffa-Center, So–Do 10–24, Fr 11–15 Uhr

Mehr Klezmer

Burstein's Klezmer Basement G 2
Es ist ein größeres Wohnzimmer, in dem die Musikanten die Klezmer-Klarinette samt ergriffenem Publikum weinen und lachen lassen – großes Musikvergnügen. Avram Löb Burstein pflegt die Klezmerkunst nun schon in vierter Generation.
52 Yirmiahu St., T 02 500 13 95 u. 052 287 91 23, www.facebook.com/bursteinsbasement, Konzerte samstags im Sommer 22, sonst 21 Uhr, keine Anmeldung, einfach hingehen

Noch mehr Klezmer

Bible Lands Museum F 6
Samstagabend gibt es in unregelmäßigem Abstand nach Shabbatende Konzerte, die richtig gute Laune machen.
25 Avraham Granot St., T 02 561 10 66, www.blmj.org, Bus: 9, 17, 24: Israel/Bible Lands Museum

Kammerorchester

Israel Camerata
Das Israel Camerata tourt durch die ganze Welt, tritt in Jerusalem meist im Jerusalem Theater (► S. 108) oder im YMCA-Auditorium (s. unten) auf. Gegründet wurde es 1985 mit Blick auf Israels spezielle Rolle als Schmelztiegel und Einwandererland: Hier spielen alte Hasen mit Newcomern.
Gastspielinfos: T 02 502 05 03, www.jcamerata.com

Klassik-Newcomer

Jerusalem Music Centre Karte 2, K 7
Isaac Stern, einer der großen Violinisten des 20. Jh., war Mitbegründer des JMC, das begabte Musiker bereits in sehr jungen Jahren fördert. Das Repertoire umfasst Klassik, Rock und Jazz. Die Ergebnisse hört man mehrmals monatlich.
Mishkenot Sha'ananim, T 02 624 10 41, www.jmc.org.il, Bus 42: Jerusalem Music Centre

Staatsorchester

Jerusalem Symphony Orchestra J 7

Das JSO bietet ein erstklassiges Programm im Henry Crown Auditorium des Jerusalem Theaters (► S. 108). Das Orchester des Israelischen Staatsrundfunks wurde in den 1940er-Jahren gegründet. Konzertreihen u. a. speziell für Familien, ›Classic Light‹, Abende mit Vokalsolisten.

20 David Marcus St., T 02 561 14 98/9, www.jso.co.il, Bus 102: Jerusalem Theater

Klassisch-arabische Klänge

Kan Zaman L 4

›Es war einmal‹, das bedeutet der Name des Restaurants im Jerusalem Hotel. Hin und wieder gibt es die Jerusalem Nights mit Musik der Oud, der arabischen Laute. Oft treten auch arabische Sänger auf.

Jerusalem Hotel, Nablus Rd./Antara Ben Shadad St., Nablus Rd., T 02 627 13 56, www.jrshotel.com

Newcomer

Sira Karte 2, K 5

Immer rappelvoll, vor allem auf der Tanzfläche, Livemusik, mal von unbekannten Newcomern, mal von angesagten israelischen Bands.

4 Ben Sira St., www.mixcloud.com/Siradio, Tram: Jaffa-Center, tgl. 19 Uhr bis zum letzten Gast, Happy Hour 17–21 Uhr

Open Air-Konzerte

Sultan's Pool Karte 2, K 7

Den großartigen Ort, ehemals eines der drei großen Wasserreservoire der Stadt, zeichnet eine wunderbare Atmosphäre aus. Der Pool wurde im 16. Jh. von Sultan Suleiman angelegt und wird heute im Sommer für die wirklich großen klassischen und modernen Konzerte genutzt, mit der Altstadt als Kulisse.

Chativat Yerushalaim/Hebron Rd. unterhalb der Südwestecke der Altstadt, Bus 1, 2, 3: Sultan's Pool

Talent-Schuppen

Zappa in the Lab Karte K 8

Auf dem Gelände des aufgelassenen Jerusalemer Bahnhofs gehört in einer historischen alten Bahnhalle die Musikbühne bevorzugt jungen, noch nicht ganz so bekannten Sängern und Performern. Die Stars von morgen – immer einen Besuch wert.

28 Hebron Rd., Tickets online u. unter T *9080 u. 02 622 23 33, www.zappa-club.co.il, ab 20 Uhr

Talentrampe

Yellow Submarine südl. J 8

Das YS ist außergewöhnlich. Der Tanzclub bietet an Livemusik-Abenden (auch Jazz) vielversprechenden Künstlern Auftrittsmöglichkeiten und hat ein eigenes Tonstudio.

13 Harechavim St, Talpiot, T 02 679 40 40, www.yellowsubmarine.org.il, Bus 7, 71, 72, 75: Talpiot, Do/Fr ab 21 Uhr

Popkonzert im Sultan's Pool

Gospel, halleluja!

YMCA Three Arches Karte 2, K 6

Sicher nicht der Ort, an dem man erstklassige Veranstaltungen erwartet, aber das gegenüber dem King David liegende Hotel bietet in seinem Auditorium Barock-, Sakralmusik- und Kammerkonzerte. In der Kirche finden häufig Gospelmessen statt, Letztere sind sehr amerikanisch und sehr sehenswert.

26 King David St., T 02 569 26 92, www.ymca3arches.com, Bus 102, 105, 106, 107: King David St.

TANZEN

Bier & Bandsalat

HaCassetta Karte 2, J 5

Auf den ersten Blick sehen Sie hier das groß über der Bar prangende Schild ›Franziskaner Weißbier‹, im Schaukasten darunter viele verstaubte bunte Kasset-

R
RAMALLAH

Das nur knapp 15 km entfernte palästinensische Ramallah ist die Party-Zone der Westbank und war in früheren Jahren in der Jerusalemer Szene äußerst beliebt. Was viele Besucher heute abschreckt, sind die Checkpoint-Kontrollen. Wenn also Ramallah, dann am besten über Nacht bleiben (vom Damaskustor Sherut oder Taxi mit Umsteigen am Qalandia-Checkpoint).

ten. Während der Schwesterclub Hataklit (s. u.) im Namen der guten alten Schallplatte gedenkt und in der Etage darüber der Videopub, eine Gay Bar, der VHS-Zeit, erinnert das HaCassetta an den anderen Tonträger des vorigen Jahrhunderts, der gerne mit Bandsalat nervte. Entsprechend sind die Wände dekoriert – mit Tapes. Musikalisch verharren die Betreiber nicht in den 80ern, auch 60er, 70er und New Wave gibt's zu hören.

1 Horkanus St., Tram: Jaffa-Center, City Hall, Sa–Do 20–4, Fr 21.30–4 Uhr

Für Vinylfans

HaTaklit ✪ Karte 2, J 5

Der Name bedeutet Schallplatte und meint die gute alte schwarze Scheibe. Drei Fans des Vinyls haben das Hataklit gegründet. Beim Abspielen rauscht es und manchmal hüpft der Tonarm.

7 Heleni HaMalka St., T 02 624 40 73, www.facebook.com/hataklit, Tram: City Hall, tgl. 16.30–5 Uhr

Schick

Mirror Bar ✪ Karte 2, K 5/6

Richtig, hier schaut man erst einmal in viele Spiegel, dann ins Glas. Hier trifft sich das schicke Jerusalem. Montags gibt's Jazz und Wein, dienstags 1980er-Night-Fever, sonst Musikmix vom DJ. Mit Zigarrenlounge.

11 Shlomo Hamelech St., Mamilla Hotel, http://www.mamillahotel.co.il/restaurant_bar/mirror_bar, Tram: City Hall, So–Do ab 20, Sa ab 21.30 Uhr

TYPISCH JERUSALEM

Kleinkunst

El Hakawiti Palestinian National Theatre ✪ L 3

Nahe dem American Colony Hotel versuchen palästinensische Künstler einen Theaterbetrieb aufrechtzuerhalten; das Theater wurde bereits Dutzende Mal von israelischen Behörden geschlossen. Manche Stücke gibt es auch in englischer Übersetzung bzw. mit englischsprachiger Zusammenfassung. Das Repertoire reicht vom Puppentheater bis zu Comedy, die Inhalte sind meist hoch aktuell.

4 Abu Ubeida St., T 02 628 09 57, www.facebook.com/AlmsrhAlwtnyAlflstynyAlhkwaty, Bus: 17: Salah el Din

Kulturzentrum

Gerard Behar Center ✪ H 5

In zwei Sälen für 200 und 650 Besucher werden Konzerte (u. a. Jazz, Pop), Musicals, Tanz und Theaterstücke gegeben. Landesweit sind die hier beheimateten Tanzgruppen Vertigo Dance Company und Kolben Dance Company bekannt. In dem Komplex fand Anfang der 1960er-Jahre der Gerichtsprozess gegen Adolf Eichmann statt. Das Gebäude wurde von der Behar-Familie, die ihren Sohn Gerard im Holocaust verloren hatte, gekauft, um dieses Kulturzentrum ins Leben zu rufen.

11 Bezalel St., T 02 545 68 68, http://gerard-behar.jerusalem.muni.il, Tram: Mahane Yehuda, Jaffa-Center

Klassik & Ballett

Jerusalem Theater/Jerusalem Center for the Performing Arts ✪ J 7

Konzert, Theater, Ballett – klassisch bis avantgardistisch geht es im Jerusalemtheater in bis zu vier Sälen zur Kunstsache. Bei größeren Produktionen gibt es zum Geschehen auf der Bühne englische Untertitel via Bildschirm.

20 David Marcus St., T 02 560 57 55, www.jerusalem-theatre.co.il, Bus 102: Jerusalem Theater

Großes Repertoire

Khan Theater K 7

Das Haus produziert unter seinem künstlerischen Direktor Michael Gurevitch jedes Jahr sechs eigene Stücke. Einige der Stücke werden mit englischen ›Untertiteln‹ auf die Bühne gebracht.

2 David Remez St., Old Railway Station, T 02 630 36 00, www.khan.co.il, Bus 71, 72, 74: David Remez

Tanz aus aller Welt

Mehola Dance Company südl. J 8

Israels Nationaltanz ist der lebhaft ungestüme Kreistanz Hora, der aus dem Balkan kommt und an Sirtaki erinnert. Gerne bringt man ihn zur Musik von Hava Nagila aufs Parkett, aber es gibt auch Modern, Ethno und Jazz Dance, und genau dem und allem anderen Modernen widmet sich diese Tanzkooperative. Absolut sehenswert.

43 Emek Refa'im St., T 02 563 66 63, www.mehola.co.il, Bus 18, 24, 49: Emek Refa'im

Comedy & Karaoke

Off the Wall Karte 2, K 7

Israelische Comedians kennen kaum ein Tabu. Die Stand-up-Komiker bieten im ersten Comedy-Club Jerusalems öfters Shows in englischer Sprache, dargeboten von immigrierten britischen und amerikanischen Juden, die bei aller Begeisterung so ihre lieben Probleme mit dem real existierenden Israel oder einer *Jewish-American Princess* haben. Sie nehmen Bürokratie, ruppige Landsleute, Sicherheitswahn und Sexismus auf die Schippe. Mo, Mi–Sa sind nach der letzten Vorstellung Mikro und Bühne frei für Karaoke, Di gibt's Livemusik. Gründer des Off the Wall ist der eingewanderte Sohn eines Rabbiners, Comedian David Kilimnick (www.davidkilimnick.com).

32 King David St. (King Solomon Hotel)., T 050 875 56 88, www.israelcomedy.com, Bus 13, 30, 49, 105 King David St., 7, 34, 38 Shalom Alekhem

Für Alt und Jung

The Train Theater Karte 2, K 7

In einem ausrangierten Zugwaggon und als Puppentheater startete einst die inzwischen hoch angesehene Schauspielbühne.Vorstellungen gibt es auf Hebräisch und Englisch, manche bilingual. Das Theater organisiert das alljährliche Puppentheaterfestival.

Liberty Bell Park, T 02 561 85 14, www.traintheater.co.il, Bus 4, 21, 102, 106: Liberty Bell.

SOUND AND LIGHT AN DER ZITADELLE

Die rund 45 Minuten dauernde abendliche Open-Air-Veranstaltung nennt sich **The Night Spectacular – Sound and Light at the Citadel** (Karte 2, L 6, Bus 38: Jaffa Gate). Sie wurde von der französischen Skertzo-Gruppe kreiert, die gezielt auf Bilder, Musik und Emotionen setzt. Als Leinwand dienen die Mauern der Zitadelle, auf die 20 Projektoren einen grandiosen Bilderrausch zaubern. Im Parforceritt geht es durch Jerusalems Geschichte, beginnend mit dem musizierenden König David, weiter mit dem Besuch der Königin von Saba bei Salomo und endend mit einem Kinderchor, der »Pray for peace of Jerusalem« singt. Vor dem Zuschauer baut sich in Trompe-l'œil-Technik Jerusalem in seinen wechselvollen Epochen auf. Da drehen sich Zahnräder, ticken Uhren, wachsen Häuserfronten empor. Um die jeweiligen Szenen ihrer Zeit zuordnen zu können, ist der Programmzettel, den man mit dem Ticket bekommen hat, ein hilfreicher Begleiter. Das Night Spectacular ist kein Fest der Fakten, sondern der Sinne – nicht mehr, aber auch nicht weniger. Eine Reservierung ist zwingend notwendig.

www.towerofdavid.org.il; Tickets für 55 NIS gibt es im Zitadellenmuseum, Ticket-T 02 626 53 33, das Kombiticktet inkl. der Tageskarte für die Zitadelle kostet ermäßigt 70 NIS, mehrere Shows zu wechselnden Uhrzeiten. Da es hier abends sehr kühl werden kann, sollten Sie warme Kleidung mitnehmen!

Hin & weg

ANKUNFT

Einreise und Visum
Deutsche, Österreicher und Schweizer benötigen einen noch mindestens sechs Monate gültigen Reisepass und bekommen ihr Visum bei der Einreise. Man bekommt einen Scan des Passes im Visitenkartenformat ausgehändigt. Den hellblauen *entry permit* hat man im Land bei sich zu führen.

Vom Flughafen nach Jerusalem
Alle großen Mietwagenfirmen sind mit rund um die Uhr geöffneten Schaltern vertreten, auch Busse warten auf Reisende. Sammeltaxis (Sherut) bringen die Passagiere reihum zu ihren Hotels; das dauert etwas länger, dafür ist es billig (Airport Shuttle Nesher Sherut, T 072 264 60 59, für Shabbat vorbestellen). Für Taxis gelten für Fahrten von und zum Flughafen Ben Gurion landesweit festgesetzte Preise; nach Taxameterstand wird bei diesen Fahrten nur abgerechnet, wenn der Kunde das vor der Fahrt ausdrücklich wünscht. Am Taxistand außerhalb der Ankunftshalle fungiert eine Touchscreen-Säule als Fixpreiskalkulator (›Taxi Fare‹) für alle wichtigen Destinationen im Land, online unter www.taxifarefinder.com und www.iaa.gov.il (›Taxi Fare Calculator‹). Die Bus-Shuttle-Linie 485 fährt außer am Shabbat 24/7 nach/von Jerusalem (16 NIS bar beim Fahrer), Stopps an der Central Bus Station und 5 weiteren Haltestellen nahe der Tramlinie. Neu ist die 24-minütige Bahnverbindung vom/zum Jerusalemer Yitzhak Navon-Bahnhof nahe Central Bus Station, Tram und City. 15 Minuten dauert die Fahrt zwischen Flughafen und Tel Avivs HaShalom-Hauptbahnhof (Alle 30 Minuten).

AUSREISE

Planen Sie für die Ausreise reichlich Zeit ein: 3 Std. vor Abflug sollten Sie

Musik statt Krieg – ein geigender Friedensaktivist spielt am Jerusalem-Tag in der zum ›tolerance train‹ umbenannten Tram.

am Terminal sein. Allein die umfangreichen Befragungen der Passagiere können 2 Std. dauern. Haben Sie einen Leihwagen, so sind für Rückgabe und Shuttle-Transfer zum Flughafen rund 45 Min. zu veranschlagen.

ELEKTRIZITÄT

Für die oft dreipoligen Steckdosen (220 V) benötigen Sie spezielle Adapter.

INFORMATIONEN

Fremdenverkehrsämter
… in Europa:
Staatliches Israelisches Verkehrsbüro: Auguste-Viktoria-Str. 74, 14193 Berlin, T +49 30 20 39 97-0, www.goisrael.de. Kein Publikumsverkehr, zuständig für Deutschland, Österreich und die Schweiz.
… in Israel:
Tourist Information Centre: Karte 2, L 6, Jaffa Gate, T 02 627 14 22, tgl. 8.30–17 Uhr. Gut ausgestattet mit Broschüren, Karten.
Christian Information Center: Karte 2, L 6, Jaffa Gate, T 02 627 26 92, www.cicts.org, Mo–Fr 9–17.30, Sa 9–12.30 Uhr.
… in Palästina:
Palästinensisches Tourismusministerium: Bethlehem, Manger Sq., T 02 277 68 32, www.travelpalestine.ps.

WEBSITES AUF DEUTSCH

www.goisrael.de: Offizielle Seite der israelischen Fremdenverkehrsämter.
www.hagalil.de, www.israelnetz.de: Jüdische Welt, eine wahre Fundgrube. News, Kultur, Jiddisch, Klezmer, Holocaust, jüdische Geisteswelt etc.

WEBSITES AUF ENGLISCH

www.itraveljerusalem.com: Tourismus-Website der Stadt Jerusalem.
www.btselem.org: Prominente israelische Menschenrechtsaktivisten zur Lage der Palästinenser.
www.alt-arch.org: Kritische Auseinandersetzung mit Jerusalems Archäologie, alternative Besichtigungen.
www.peacenow.org.il: Israels Friedensbewegung Peace Now informiert über Aktuelles, Aktivitäten etc.

REISEN MIT HANDICAP

Barrierefreie Einrichtungen gibt es in vielen öffentlichen Gebäuden und Hotels – die Altstadt von Jerusalem ist für Behinderte jedoch nur unter Mühen zu bewältigen. Welche Routen behindertengerecht erkundbar sind, zeigt www.itraveljerusalem.com (im Suchfeld ›Accessible Jerusalem‹ eingeben). Behinderte können sich auch an die Organisationen Yad Sarah (T 02 644 6 18, tourismus@yadsarah.org.il, www.yadsarah.org) und Access Israel (T 09 745 11 26, www.aisrael.org) wenden.

POSTKARTEN

Eine Postkarte nach Europa kostet 7,40 NIS, zugestellt wird per Luftpost.

STADTFÜHRUNGEN

Fremdenführer: Zu vielen Gelegenheiten leistet eine fachkundige Begleitung nützliche Dienste, z. B. in Jerusalems Altstadt. Zugelassene Fremdenführer (Sprachen: u. a. Deutsch, Englisch) kann man über folgende Adressen kontaktieren: www.israelprivatetourguide.com; Gateway to Israel, T +972 54 465 37 62, www.israel-guides.net.
Kostenlose Touren: Es gibt sogenannte Free Tours. Für die Holy City Tour (tgl. 11 Uhr, So–Do auch 14.30 Uhr, Dauer 4 Std.), die u. a. zu Tempelberg, Klagemauer und Via Dolorosa führt, kommt man ohne Anmeldung zum Jaffator und achtet auf Fremdenführer im roten T-Shirt mit der Aufschrift ›New Europe‹.

Die Guides arbeiten auf *tips-only*-Basis, d. h. sie bekommen am Ende der Tour auf freiwilliger Basis ein angemessenes Trinkgeld. Infos www.neweuropetours.eu. Fremdenführer für Ausflüge in die palästinensischen Gebiete findet man u. a. unter www.palestinehotels.ps unter ›Useful Links‹ oder über die Hotelrezeption.

SICHERHEIT UND NOTFÄLLE

Taschendiebe sind an touristischen Hotspots genauso ein Problem wie überall sonst auf der Welt. Der israelisch-arabische Konflikt entlädt sich u. U. in Terroranschlägen, auch gegen Zivilisten; dagegen gibt es keinen Schutz, allenfalls einen Schutzengel. Vor Fahrten in palästinensische Gebiete sollte man sich nach der aktuellen Lage erkundigen und Sicherheitshinweise beachten, wie sie beispielsweise das Auswärtige Amt (www.auswaertiges-amt.de) veröffentlicht. Erhöhte Aufmerksamkeit ist besonders in Jerusalems Altstadt geboten. In der Gegend um den Tempelberg kann es rund um jüdische und islamische Feiertage sowie anlässlich einer aktuell politisch kritischen Situation zu Spannungen kommen. Gründlich sind die Kontrollen von Taschen etc. an den Eingängen zu Einkaufszentren, Kinos, Museen und Konzertsälen. Auch wenn diese Vorgänge nerven, sollte man nicht vergessen, dass sie der eigenen Sicherheit dienen. Seien Sie nicht überrascht über die Frage: »You have a gun?«.

Polizei: T 100, **Notarzt:** T 101, **Feuerwehr:** T 102
Hilfe bei allen Touristen-Angelegenheiten (Polizei, Flughafen): T *3888
Hilfe bei sexuellem Missbrauch: T. 1202 (Frauen), 1203 (Männer)

DIPLOMATISCHE VERTRETUNGEN

Deutsche Botschaft: 3 Daniel Frisch St., 19. Stock, 64731 Tel Aviv, T 03 693 13 12/13, www.tel-aviv.diplo.de.
Österreichische Botschaft: Sason Hogi Tower, 12 Abba Hillel St., 5250606 Ramat Gan, T 03 612 09 24, www.aussenministerium.at/telaviv.
Schweizer Botschaft: 228 HaYarkon St., 634524 Tel Aviv, T 03 546 44 55, www.eda.admin.ch/telaviv.

UNTERWEGS IN JERUSALEM

Jerusalem City Pass: Kostenlose Hin- und Rückfahrt mit dem Bus auf der Strecke Jerusalem und Ben Gurion-Flughafen, freier Eintritt zu 3 Touristenattraktionen, Rabatte zu vielen anderen Attraktionen und Museen, 7-Tages-Pass für alle öffentlichen Verkehrsmittel, 1 Freigetränk – das beinhaltet der 7 Tage gültige Besucherpass. Es gibt ihn in zwei Varianten: Pro Person 36 US$ ohne Transport, 63 US$ mit Transport. Man rechne und plane gut, bevor man bestellt. Infos: www.itraveljerusalem.com/de/jlm-city-pass
Bus und Tram: Nach vielen Verzögerungen startete 2011 die erste Line des Trambahnnetzes Light Rail, für die die Jaffa Road zur Fußgängerzone wurde (rote Linie, www.citypass.co.il, 23 Stopps auf 13,8 km Länge, Gesamtdauer 42 Min., Ticket 6,90 NIS/90 Min. gültig). Die insgesamt sieben geplanten Linien sollen allerfrühestens 2020 die Innenstadt mit den Vorstädten verbinden. Nach und nach wird die Tram das Netz der Egged-Stadtbusse (T 02 530 47 04, www.egged.co.il/eng/, 6,90 NIS/Fahrt) auf etlichen Strecken ersetzen.
Taxi: Taxis stoppen Sie einfach auf der Straße oder lassen sie sich vom Hotel bestellen. Viele Fahrer bieten Ihnen die Tour zum frei vereinbarten Preis an. Sie sollten aber darauf bestehen, dass der Taxameter eingeschaltet wird. Tabellen mit Grundpreis und Zuschlägen finden Sie in jedem Taxi. Taxiruf: T 02 500 01 01, 02 679 33 33, 02 586 66 66.
Radverleih: Der Radverleih Jerusalem Biking (T 02 566 14 61, www.jerusalembiking.com) bietet auch Touren an, u. a. die dreistündige Mitternachtsrundfahrt durch Jerusalem (Midnight

Der Schein trügt: Das Jaffator ist ein Nadelöhr, das man mit dem Auto besser meidet.

Biking). Viele Hotels verleihen Räder an ihre Gäste.

ZOLL

Bei der Ausreise aus Israel dürfen in die EU Waren bis zu einem Wert von 430 € (Reisende unter 15 J. bis zu 175 €) eingeführt werden. Reisende ab 17 Jahren dürfen außerdem einführen: Tabakwaren (z. B. 200 Zigaretten oder 100 Zigarillos oder 50 Zigarren oder 250 g Tabak), Alkohol und alkoholhaltige Getränke (z. B. 1 l Spirituosen mit mehr als 22 % oder 2 l alkoholische Getränke mit höchstens 22 % sowie 4 l nicht schäumende Weine und 16 l Bier).
Bei der Einreise in die Schweiz dürfen Personen ab 17 J. abgabenfrei einführen: 2 l Alkohol bis 15 % und 2 l Alkohol über 15 % sowie 200 Zigaretten oder 50 Zigarren oder 250 g Tabak. Andere Privatwaren sind bis zu einem Gesamtwert von 300 SFr pro Person abgabenfrei. Übersteigt der Gesamtwert der mitgeführten Waren 300 SFr, so sind alle Waren abgabepflichtig.
Weitere Infos: www.zoll.de, www.bmf.gv.at, www.zoll.ch.

LGBT

Für strenggläubige Juden ist, ebenso wie für viele Muslime, Homosexualität eine Krankheit, eine verbotene Abartigkeit. Tel Avivs betont liberales Image vermittelt diesbezüglich eher ein Zerrbild der Realität. Mit Gewalt haben Ultraorthodoxe die Gay Pride Parade in Jerusalem schon mehrfach überzogen. 2015 wurde ein Mädchen erstochen. Vom Gefängnis aus plante der zu lebenslänglich verurteilte Attentäter die nächsten Anschläge. Organisiert sind Homosexuelle u. a. im Aguda (T 03 516 72 34, www.glbt.org.il), dem israelischen LGBT-Verband für Lesben, Schwule, Bisexuelle und Transsexuelle.

O-Ton Jerusalem

JESH!

ja, toll, super!

marhaba (arab.), ahlan (arab.)

(wörtl. willkommen!)
Hallo, Guten Tag

SHABBAT SHALOM

einen gesegneten Shabbat

yalla

Los, auf geht's!

YALLA, BYE!

Tschüss

kacha, kacha

so lala

LE'AT, LE'AT

langsam, langsam

sababa

cool, großartig

balagan

Chaos, Katastrophe

le chaim!

Prost!

PITZOOTZ

das knallt, cool

Das Klima im Blick

Reisen bereichert und verbindet Menschen und Kulturen. Wer reist, erzeugt auch CO_2. Der Flugverkehr trägt mit bis zu 10 % zur globalen Erwärmung bei. Wer das Klima schützen will, sollte sich – wenn möglich – für eine schonendere Reiseform entscheiden oder die Projekte von atmosfair unterstützen. Flugpassagiere spenden einen kilometerabhängigen Beitrag für die von ihnen verursachten Emissionen und finanzieren damit Projekte in Entwicklungsländern, die dort den Ausstoß von Klimagasen verringern helfen (www.atmosfair.de). Auch die Mitarbeiter des DuMont Reiseverlags fliegen mit atmosfair!

Abbildungsnachweis

akg-images, Berlin: S. 120/8 (Michaud)
Fotolia, New York (USA): S. 50, 56,101 (efesenko); 120/3 (Rettenberger); 45 (SeanPavonePhoto); 33 (wemm)
Getty Images, München: S. 12/13, 90 (Atlantide Phototravel); 20 (Mizrahi)
Glow Images, München: S. 77 (Fotononstop/Godong/Gounot)
Huber-Images, Garmisch-Partenkirchen: S. 16/17 (Schmid)
iStock.com, Calgary (Kanada): S. 96 (alexeys); 4 o., 7 (efesenko); 43 (geneward2); 4 u. (leospek); 8/9 (silverjohn); 82 (Silverman)
laif, Köln: S. 21, 37, 80 (Gerald); 47 (Hilger); 28, 30, 83 (Hoa-Qui/Simanor); Titelbild, Faltplan, 63 (Kirchgessner); 120/5 (Leemage/Opale/Assouline); Umschlagklappe hinten (Le Figaro Magazine/Martin); 120/1 (Pein); 93 (Polaris); 89 (Polaris/Dvir); 14/15 (Rea/FLASH-90/Fenton); 49 (Rea/Express/Guilloteau); 69 (Rea/Israel Sun/Frykman); 25 (Shabi); 44 (SZ Photo/Giribas); 120/9 (SZ Photo/Schmeken); 29, 67 (UPI); 120/6 (Zhang Liyun Xinhua/eyevin)
Look, München: S. 61 (age fotostock); 58 (Design Pics); 51, 54 (Stankiewicz); 36, 76 (Travel Collection)
Mauritius Images, Mittenwald: S. 35, 65, 100, 107, 110 (Alamy/Alon); 24, 59, 66, 74, 78/79, 104 (Alamy/Gerald); 86 (Alamy/imageimage); 95 (Alamy/Israel images); 32, 98 (Alamy/kpzfoto); 62, 94 (Alamy/Levy); 73 (Alamy/Marom); 70 (Alamy/Nahmias); 84 (Alamy/Rif); 113 (Alamy/Rostislav); 71 (Alamy/Shein Audio Visual); 120/7 (United Archives)
picture-alliance, Frankfurt a. M.: S. 120/2 (Eventpress/Radke); 40 (Godong/Leblanc); 102 (Yaari)
Visum, München: S. 41 (Attal)
Wikimedia Commons: S. 120/4 (CC-PD)
Zeichnungen S. 2, 11, 23, 42, 48, 72: Gerald Konopik, Fürstenfeldbruck
Zeichnung S. 5: Antonia Selzer, Lörrach

Kartografie

DuMont Reisekartografie, Fürstenfeldbruck

Umschlagfotos

Titelbild: Blick zum Tempelberg
Umschlagklappe hinten: Blick auf die Jerusalemer Altstadt

Hinweis: Autor und Verlag haben alle Informationen mit größtmöglicher Sorgfalt geprüft. Gleichwohl sind Fehler nicht vollständig auszuschließen. Alle Angaben erfolgen ohne Gewähr. Bitte schreiben Sie uns! Über Ihre Rückmeldung zum Buch und Verbesserungsvorschläge freuen sich Autor und Verlag:
DuMont Reiseverlag, Postfach 3151, 73751 Ostfildern,
info@dumontreise.de, www.dumontreise.de

FSC
www.fsc.org
MIX
Papier aus verantwortungsvollen Quellen
FSC® C124385

2., aktualisierte Auflage 2019

Autor: Michel Rauch
Redaktion/Lektorat: Anne Winterling, Nadja Gebhardt
Bildredaktion: Stefan L. Scholtz
Grafisches Konzept: Eggers+Diaper, Potsdam
Printed in China

Kennen Sie die?

9 von 849 782 Jerusalemern

Daniel Barenboim

Dirigent und Kosmopolit. Sein Mega-Skandal: Mit der Berliner Staatskapelle spielte er in Jerusalem Richard Wagner. Als Erster. Tabu, Tabu! Viel Jubel und viel Buh.

Natalie Portman

Star Wars-Königin Padmé Amidala, Regisseurin – 1981 geboren in Jerusalem.

Falafel

Unbürokratisch eingebürgerter Nationalliebling auf Kichererbsenbasis mit arabischem Migrationshintergrund.

Königin von Saba

Es gab sie, es gab sie nicht. Und auch dieses Bild ist umstritten. Die weise Königin reiste an den Hof des noch weiseren Königs Salomo.

Amos Oz

Israels moderne Literatur wäre ohne ihn, einen Bekämpfer jedweden Fanatismus', um viele Bücher ärmer.

Netta Barzilai

2018 gewann die Israelin den Eurovision Song Contest. In ›Toy‹ geht es um erwachende Frauenpower und darum, dass Frauen kein Spielzeug sind. Nirgends auf der Welt.

T. E. Lawrence von Arabien

Ritt mit General Edmund Allenby 1917 ins kampflos eroberte Jerusalem ein.

Mohammed

Der Prophet trat von Jerusalem aus auf dem Ross Buraq seine Himmelsreise an.

Teddy Kollek

Zackig und zupackend – so beliebt war kein Jerusalemer Bürgermeister mehr nach ihm (gestorben 2007).